Johannes Wahl

Abi
last minute
Geschichte

Schnell auffrischen, was wichtig ist

W0184725

Klett Lerntraining

Johannes Wahl ist Gymnasiallehrer für die Fächer Englisch, Deutsch und Geschichte in Stuttgart.

Bibliografische Information der Deutschen Nationalbibliothek
Die Deutsche Nationalbibliothek verzeichnet diese Publikation in der Deutschen Nationalbibliografie; detaillierte bibliografische Daten sind im Internet über http://dnb.dnb.de abrufbar.

2. Auflage 2017
Dieses Werk folgt der neuesten Rechtschreibung und Zeichensetzung.

„Das Werk und seine Teile sind urheberrechtlich geschützt. Jede Nutzung in anderen als den gesetzlich zugelassenen Fällen bedarf der vorherigen schriftlichen Einwilligung des Verlages. Hinweis zu § 52a UrhG: Weder das Werk noch seine Teile dürfen ohne eine solche Einwilligung eingescannt und in ein Netzwerk eingestellt werden. Dies gilt auch für Intranets von Schulen und sonstigen Bildungseinrichtungen."
Fotomechanische Wiedergabe nur mit Genehmigung des Verlages.

© PONS GmbH, Stöckachstraße 11, 70190 Stuttgart 2016
Alle Rechte vorbehalten.
www.klett-lerntraining.de
Teamleitung Lernhilfen Sekundarstufe II: Christine Sämann
Konzeption: Sandra Meyer
Redaktion: Elke Hufnagel, Berlin
Projektsteuerung: Dr. Andreas Cyffka
Innenlayout: Annette Siegel, Stuttgart
Umschlaggestaltung: Sabine Kaufmann, Stuttgart
Umschlagfoto: Thinkstock, München (Ablestock.com)
Satz: tebitron gmbh, Gerlingen
Druck: Medienhaus Plump GmbH, Rheinbreitbach
Printed in Germany.
ISBN 3-12-949319-9

Deutschland 1815–1933

Kalter Krieg (1947–1991)

1 Verhärtung der Fronten (1947-1962)

2 Zwischen Entspannung und erneuter Konfrontation (1963-1991)

3 Militärische Strategien während des Kalten Krieges

Herausforderungen der Gegenwart (1991–2016)

1 Krieg und Machtpolitik im 21. Jahrhundert

Historische Erinnerungskultur

1 Umgang mit der Vergangenheit

Liebe Schülerin, lieber Schüler,

sicherlich kennen Sie diese Situation: Es ist kurz vor der Klausur und die Zeit wird knapp. Sie schreiben sogar mehrere Klausuren innerhalb weniger Tage und können unmöglich nochmals Ihre kompletten Mitschriften oder das Schulbuch durcharbeiten. Vielleicht stellen Sie auch fest, dass Ihre Mitschriften Lücken haben – und das ist so ziemlich das Letzte, was Sie *last minute* gebrauchen können!

Keine Sorge, mit *Abi last minute – Geschichte* sind Sie auf der sicheren Seite:

- In **150 prüfungsrelevanten Begriffen** wiederholen Sie kurz und knapp, was Sie in der Klausur bzw. der Abiturprüfung wissen müssen. 150 Lernbegriffe = 150 gut gepackte Wissenspakete für Ihren Weg zum Abitur.

- Die Begriffe sind thematisch zusammengefasst, sodass Sie ganz gezielt das Thema in Angriff nehmen können, das in der Klausur abgefragt wird.

- Vor dem Abitur können Sie natürlich das ganze Buch durcharbeiten und so optimal vorbereitet in die Prüfung gehen.

Abi last minute - kurz und knapp für kurz vor knapp!

Eine erfolgreiche Oberstufenzeit und alles Gute für die Abiturprüfung wünscht Ihnen

Ihre Redaktion Klett Lerntraining

Wiedergeburt der Antike

- Zwischen 1450 und 1600 vollzog sich ein grundlegender Wandel in Wissenschaft, Kultur, Politik, Wirtschaft und Gesellschaft, der den allmählichen Übergang vom Mittelalter zur Neuzeit markiert.

- Der Epochenbegriff **„Renaissance“** (wörtlich: Wiedergeburt) wurde erst im 19. Jahrhundert von Historikern geprägt, die folgende Merkmale als wesentlich für diese Übergangsepoche herausstellten:
  - Aufbruchsstimmung aus dem von den Zeitgenossen als „dunkel“ empfundenen Mittelalter,
  - Neuentdeckung und Wiederbelebung griechisch-römischer kultureller Leistungen bzw. Muster.

- Ausgangspunkt war das **Florenz der Medici,** von wo sich die Bewegung über Italien nach ganz Westeuropa ausbreitete.

- Bildende Kunst
  - Neuartiger Versuch einer naturgetreuen Darstellung,
  - Entwicklung einer räumlich wirkenden Zentralperspektive,
  - Orientierung am Schönheitsideal der Antike: kolossale Nacktstatuen (z. B. Michelangelos „David“).

- Architektur
  - Monumentalbauten im griechisch-römischen Stil (z. B. Petersdom).

- **Humanismus**
  - Bildungsprogramm der Renaissance, Verbreitung durch Buchdruck,
  - Rückgriff auf antike Schriften („ad fontes“).

- Renaissance und Humanismus waren Bewegungen der europäischen Eliten. Der gemeine Mann merkte davon wenig. Insofern ist der Aufbruch aus dem dunklen Zeitalter in diesen Jahren zu einem großen Teil ein Mythos.

Neues Menschenbild

- Die Renaissance-Malerei wurde zum sichtbaren Ausdruck eines neuen Menschenbildes der Epoche.

- Individualisiertes **Portrait** als Markenzeichen
  - Die Künstler wendeten sich von der typisierten Darstellung biblischer Motive, die das Mittelalter gepflegt hatte, ab.
  - Der einzelne Mensch wurde zum Mittelpunkt des Bildes.
  - Ausdruck der Individualität des Künstlers war auch ein unverwechselbarer Stil und die Tatsache, dass er seinen Namen nicht mehr verschwieg, was im Mittelalter noch weitgehend der Fall war.

- **Anatomische Studien** als Voraussetzung
  - „Entdeckung" des Menschen ließ die Künstler auch nach der wahren Beschaffenheit des Körpers und seiner inneren Strukturen und Organe fragen.
  - Künstler nahmen an Leichensezierungen teil, um die Anatomie des menschlichen Körpers kennen zu lernen und ihn besser darstellen zu können.

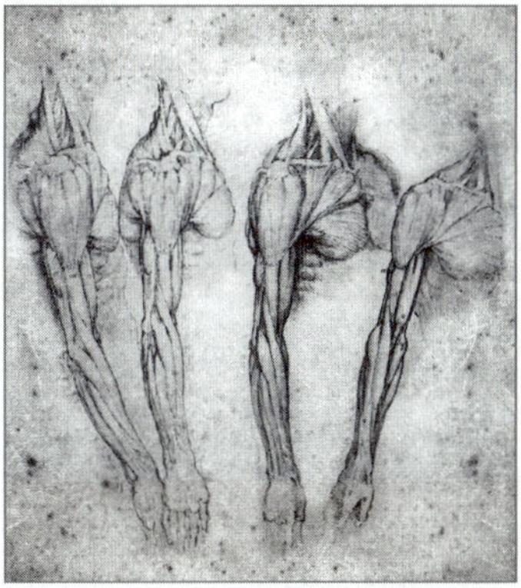

- Vorläufer der Aufklärung
  - Die Renaissance-Humanisten wandten sich gegen das traditionelle Ideal des demütigen Menschen, der sich seiner Sündhaftigkeit bewusst ist und sich in das hierarchische Gefüge der bestehenden Gesellschaftsordnung einpasst.

- Sie bahnten den Weg für das **selbstbewusste Individuum.**

Wissenschaftlicher Aufbruch

- Auf zahlreichen Gebieten, vor allem in der Medizin und der Astronomie, gerieten tradierte Gewissheiten ins Wanken.

- **Infragestellung** von bisherigen Autoritäten
  - Das mittelalterliche Wissenschaftsverständnis stützte sich auf Überlieferung,
  - Wissenschaftler beriefen sich auf die Schriften des Aristoteles oder die Bibel, ohne die dort formulierten Ergebnisse und Glaubenssätze zu hinterfragen.
  - In der Renaissance kam es zu einer **empirische Überprüfung** bisher gültiger Sachverhalte,
  - eigene Erfahrung und Experiment ersetzten ab 1500 als Methode die Heranziehung der entsprechenden überlieferten Schriften zur Lösung eines Problems.

- Medizin
  - Öffentliche Sezierungen in Padua seit 1536 durch den Arzt Andreas Vesalius,
  - Begründung der modernen Anatomie durch dessen Schrift „Über den Bau des menschlichen Körpers“ (1543).

- **„Kopernikanische Wende“**
  - Nikolaus Kopernikus (1473–1543) revolutionierte das ptolemäische Weltbild, nach dem die Erde den Mittelpunkt des Universums darstellte.
  - Johannes Kepler (1571–1630) und Galileo Galilei (1564–1642) belegten durch empirische Beobachtung mit Hilfe des neu entwickelten Fernrohrs, dass die Erde um die Sonne kreist.

- Einheit von Wissen und Religion zerbrach, die Welt wurde zunehmend entmystifiziert. Gott und Engel wurden immer weniger zur Erklärung physikalischer Phänomene herangezogen.

Spanische Eroberungspolitik

- Voraussetzungen
  - Entdeckung Amerikas durch Kolumbus (1492),
  - Weltumsegelung Magellans bewies, dass die Erde eine Kugel ist,
  - neues „Weltbild“ der Europäer.

- Unterschiedliche Modelle europäischer Kolonialpolitik
  - Portugal setzte auf Handelsstützpunkte an den Küsten, das Hinterland wurde nicht erobert; dadurch blieben die bestehenden politischen und sozialen Strukturen unangetastet.
  - Spanien wählte den Weg der **„Conquista“** (Eroberung) und der gewaltsamen Unterwerfung der indigenen Bevölkerung.

- Eroberung des Aztekenreiches durch **Hernán Cortés** (1519–21)
  - Verwüstung der Hauptstadt Tenochtitlán, auf deren Trümmern die Spanier Mexico-City errichteten,
  - Vernichtung der Kultur der Azteken durch systematische Zerstörung der Kultstätten und zwangsweise Bekehrung der Menschen zum Christentum,
  - Reich kam als „Vizekönigtum Neu-Spanien“ dauerhaft unter spanische Herrschaft.

- **Francisco Pizarro** zerstörte die Kultur der Inkas (1531–34)
  - Ermordung des Inka-Herrschers Atahualpa,
  - Zerstörung des hoch entwickelten Reiches und seiner Kulturschätze, Versklavung der Bevölkerung,
  - Peru wurde als „Neu-Kastilien“ spanische Kolonie.

- Ziele der Konquistadoren
  - **Wirtschaftliche Ausbeutung** durch Abbau von Edelmetallen (Gold, Silber),
  - **Christianisierung** der Bevölkerung.

Encomienda-System

- Einrichtung durch Königin Isabella I. von Kastilien (1503)
  - Konquistadoren wurden sehr große Landgebiete mitsamt der dort ansässigen indigenen Bevölkerung „anvertraut" (encomienda = spanisch: Anvertrauung),
  - rechtliche Struktur ähnlich dem europäischen Lehnswesen, d.h. die Gebiete wurden nur für eine Generation den Siedlern anvertraut, oberster Lehnsherr blieb die spanische Krone.

- Ziele
  - **Kontrolle** der eroberten Gebiete durch Besiedlung,
  - **Schutz** und **Missionierung** der Bevölkerung.

- **Sklavenwirtschaft** in der Praxis
  - Interessen der Konquistadoren – oft arme spanische Adlige – war die maximale Ausbeutung ihrer Ländereien, auch auf Kosten der Bevölkerung,
  - Arbeitsverpflichtung ohne Entlohnung,
  - dauerhafte Trennung von Familien: Frauen und Kinder blieben in den Dörfern zurück, während die Männer in der Nähe der Bergwerke unterkamen,
  - unmenschliche Arbeitsbedingungen in den Mienen,
  - „demografische Katastrophe": hohe Sterberate bei gleichzeitig sinkender Geburtenrate,
  - **Ausrottung** der gesamten indigenen Bevölkerung in der Karibik.

- De iure galt das Encomienda-System bis 1791, de facto wurde es ab 1549 durch das **Repartimiento-System** (spanisch: Zuteilung) abgelöst.

- Im Repartimiento-System waren indianische Gemeinschaften verpflichtet, Männer aus ihren Reihen für zeitlich begrenzte Projekte dem Staat als Arbeitskraft zur Verfügung zu stellen.

Anspruch und Wirklichkeit der spanischen Herrschaft

- Die spanische Kolonialpolitik war mit dem Anspruch verbunden, die indigene Bevölkerung zu schützen und zu missionieren.

- **Gesetze von Burgos** (1512) als erstes Schutzprogramm für Indios
  - Verbot der Gewaltanwendung gegen die Encomenderos,
  - fürsorgliche Regelungen bezüglich Arbeit, Entlohnung, Behausung,
  - Pflicht zur Unterweisung der Bevölkerung im katholischen Glauben.

- Einführung des Indienrates (1524)

- **Neue Gesetze** (1542)
  - Unterstellung der indigenen Bevölkerung unter die spanische Krone,
  - Verbot der Sklaverei,
  - Verbot des Krieges gegen die Bevölkerung.

- Einrichtung von Indio-Reduktionen (1546)
  - Gettoisierung der Indios in Reservaten mit Selbstverwaltung

- Die Kritik der Kirche, insbesondere die Schriften des Dominikaners **Bartolomé de Las Casas** (1484–1566), deckten die Wirklichkeit der Herrschaftspraxis auf.
  - De Las Casas war einer der ersten, der den spanischen König auf die brutale und menschenverachtende Versklavung der Indios aufmerksam machte,
  - entlarvte die Missionierung als Zwangsbekehrung der Bevölkerung,
  - beklagte den Völkermord an den Ureinwohnern.

- Gründe für das Auseinanderklaffen von Anspruch und Wirklichkeit
  - Herrschaftsansprüche der spanischen Krone waren von Madrid nicht durchzusetzen,
  - Schutzgesetze wurden in der neuen Welt im Grunde nicht befolgt.

Folgen für die Bevölkerung Süd- und Mittelamerikas

- Die Kolonialisierung hatte dramatische Auswirkungen auf die Bevölkerungsstruktur.
  - **Dezimierung** der indianischen Ureinwohner,
  - **Sklavenhandel** mit Afrika brachte Afrikaner in die neue Welt (Dreieckshandel),
  - Verbleiben der spanischen Siedler in der neuen Welt.

- Bevölkerungsentwicklung in Mittel- und Südamerika (ohne Brasilien)

	1492	1570	1650	1825
Weiße	0	118 000	659 000	3 429 000
Mischlinge*	0	230 000	590 000	5 552 000
(Schwarz-) Afrikaner	0	?	735 000	2 228 000
Indianer	ca. 35–75 Millionen	9 827 000	8 475 000	7 851 000

Daten nach: Richard Konetzke: Süd- und Mittelamerika I; Fischer Weltgeschichte Band 22, Frankfurt a. M. 2004, S. 102ff.
*Mit dem Ausdruck „Mischlinge" sind hier neutral Nachkommen von Weißen und Indianern gemeint.

- Neue Gesellschaftshierarchie
  - Weiße bildeten die Oberschicht,
  - einheimische Indios und Afrikaner als neue Unterschicht.

- Die Gründe für den massiven Rückgang der indigenen Bevölkerung sind umstritten.
  - Bewusster „Völkermord" der Konquistadoren,
  - physische Überbeanspruchung im Bergwerk oder durch Landarbeit,
  - Hungersnöte,
  - **europäische Krankheiten** wie Masern, Pocken, Keuchhusten, Gelbfieber, denen Indianer nichts entgegenzusetzen hatten.

Rückwirkungen des Kolonialismus auf Europa

- Wohlstand Europas
  - Reger wirtschaftlicher Austausch zwischen Europa und der außereuropäischen Welt: Import von Nutzpflanzen, Genussmitteln wie Tabak oder Kaffee,
  - Grundlage: menschenverachtende **Ausbeutung** der Kolonien.

- Neue Nahrungsmittel
  - Anbau von Kartoffeln und Mais, die aus der neuen Welt kamen, verbesserte nachhaltig die chronisch prekäre Ernährungslage.

- Reichtum wurde Spanien zum Verhängnis
  - Massenhafter Import von Silber nach Spanien,
  - Preisverfall des Edelmetalls,
  - Verschuldung Spaniens durch überspannte Machtpolitik (Kriege),
  - allmählicher Niedergang.

- Ökonomische **Machtverlagerung** nach Nordeuropa
  - Aufstieg der Nationen des nördlichen Europas (z. B. England), die nicht auf einen einmaligen Raubbau an Bodenschätzen setzten, sondern auf mehrfache Ernten und (Sklaven-)Arbeit,
  - Verlegung der europäischen Handelsrouten und -zentren an den Atlantik.

- Neue Konflikte
  - Probleme mit der Aufteilung in europäische Interessensphären, z. B.
  - spanisch-portugiesischer Vertrag von Tordesillas (1494),
  - Englisch-Französischer Krieg in Amerika.

- Stiftung einer **europäischen Identität** durch Abgrenzung gegenüber indigenen Völkern.

Ursachen

- Spätmittelalterliche **Frömmigkeit**
  - Gestiegener Wunsch nach direkter Gotteserfahrung aufgrund von Pestwellen, Hundertjährigem Krieg und Agrarkrise („kleine Eiszeit").
- Mangelhafte geistliche Betreuung
  - Schlechte Ausbildung der niederen Geistlichkeit,
  - Pfründenakkumulation: Kauf mehrerer hoch dotierter Stellen durch Adlige, ohne sie ausfüllen zu können.
- Verweltlichung der Kirche
  - Missbrauch geistlicher Vollmachten für private und machtpolitische Zwecke, insbesondere durch den Papst,
  - prunkvolles Leben der höheren Würdenträger,
  - Ablasshandel zur Finanzierung von Bauvorhaben, z. B. Petersdom (ab 1507).
- Forderung nach einer Reform der Kirche „an Haupt und Gliedern"
  - John Wyclif (1320–1384): Kritik an Beichte, Ablass, Reliquien- und Heiligenverehrung; Predigt in englischer Sprache, Bibel als alleinige Grundlage des Glaubens;
  - Jan Hus wurde 1415 als Ketzer verbrannt, nachdem er die Abschaffung des Mönchtums, der Beichte und des Ablasses gefordert hatte.
  - Moderne Historiker bezeichnen diese frühe Kirchenreformbewegung des Spätmittelalters als **„Reformation vor der Reformation"**.

Martin Luther

- **„Thesenanschlag“** (31. Oktober 1517) als Auslöser der Reformation
  - 95 (lateinische) Thesen über den Ablasshandel zur Diskussion an kirchliche Vorgesetzte und Freunde geschickt;
  - eigenhändiger Anschlag der Thesen an Wittenberger Schlosskirche vermutlich Legende.

- Bruch mit der Kirche
  - Ketzerprozess in Rom ab 1518 gipfelte im Kirchenbann Luthers,
  - Reformator weigerte sich zu widerrufen, verbrannte demonstrativ 1520 die päpstliche Bannbulle.

- Fürstliche Interessen halfen bei der Durchsetzung
  - Einladung Luthers auf den Reichstag nach Worms (1521) auf Druck der Fürsten, die Luther zur Schwächung der Macht Roms in Deutschland funktionalisieren wollten,
  - **Wormser Edikt** (1521): Kaiser erklärte den Reformator für vogelfrei (Reichsacht),
  - Kurfürst **Friedrich der Weise** ließ Luther auf der Rückreise zu seinem Schutz „entführen“,
  - Übersetzung des Neuen Testaments ins Deutsche im Wartburger Versteck.

- Rasche Verbreitung der reformatorischen Gedanken
  - Buchdruck,
  - Flugschriften.

- Zentrale Gedanken Luthers
  - **Sola fide**: Rechtfertigung des einzelnen nur durch den Glauben; Negierung der Werkgerechtigkeit (Ablass, Buße),
  - **sola scriptura**: Absage an religiöse Deutungshoheit der Amtskirche; allein die heilige Schrift als Grundlage.

Bauernkrieg

- Eigenständige Stoßrichtung der Reformation auf dem Land, im Grunde als **Fehlrezeption** lutherischer Ideen.

- **Sozialpolitische Forderungen** der Bauern („Zwölf Artikel") 1525
  - Freie Pfarrerwahl,
  - Abschaffung des Zehnten und Rücknahme der Frondienste,
  - Abschaffung der Leibeigenschaft,
  - Stärkung der Gemeinderechte gegenüber der Obrigkeit (Jagd-, Fisch- und Holznutzungsrechte),
  - **Begründung** aller Forderungen mit der heiligen Schrift, womit sie sich auf das „sola scriptura"-Prinzip Luthers bzw. die Freiheit des Christenmenschen beriefen.

- Folgen
  - Zusammenbruch der ländlichen Ordnung,
  - Verweigerung der Abgaben,
  - gewaltsame Aufstände.

- Luther als „Fürstendiener"
  - Entsetzt über die unkontrollierte Reformation „von unten", stellte sich Luther auf Seiten der Obrigkeit.

- Niederlage im Bauernkrieg (1524–26)
  - „Bauernhaufen" von bis zu 30 000 Mann, bewaffnet mit Äxten, Sensen und Dreschflegeln,
  - Solidarität städtischer Unterschichten und einzelner Adliger, z. B. Florian Geyer,
  - Zentren der Auseinandersetzung in Süddeutschland und Thüringen,
  - keine Chance der Bauernheere gegen die gut ausgerüsteten Landsknechte der Obrigkeit,
  - Ergebnis: **keine Verbesserung** der sozialen Verhältnisse der Bauern.

Augsburger Religionsfrieden

- In den Jahren zwischen dem Bauernkrieg und dem Augsburger Religionsfrieden wurde die Religionsfrage zu einem Instrument der politischen Auseinandersetzung zwischen dem Kaiser und den protestantischen Reichsständen.

- Verfestigung des lutherischen Glaubens
  - Protestation von Speyer (1529): **Geburtsstunde des Protestantismus**, als sechs lutherische Fürsten und 14 Reichsstädte gegen das Wormser Edikt bzw. die Ächtung Luthers protestierten,
  - Confessio Augustana (1530): erstmalige schriftliche Fixierung der evangelischen Glaubenssätze auf dem Augsburger Reichstag.

- Versuche des katholischen Kaiser Karls V., den Protestantismus zurückzudrängen, scheiterten.
  - Grundsätzlicher religiöser Herrschaftsanspruch des Kaisers über alle Gläubigen der Christenheit,
  - Sieg im **Schmalkaldischen Krieg** (1546/47), aber kein dauerhafter Erfolg des Katholizismus.

- Ausgleich im **Augsburger Religionsfrieden (1555)**
  - Akzeptanz des konfessionellen Status quo,
  - gleichberechtigtes Nebeneinander von protestantischen und katholischen Gebieten,
  - **„cuius regio, eius religio"** (= wessen Herrschaft, dessen Glaube): Fürstliche Landesherren bestimmten die Konfession ihrer Untertanen.
  - Umstrittener geistlicher Vorbehalt: Katholische geistliche Fürsten (Bischöfe, Äbte) mussten ihre weltliche Herrschaft abgeben, wenn sie protestantisch wurden; damit war garantiert, dass bestimmte Gebiete immer katholisch bleiben würden.

- Folgen
  - Machtverlust des Kaisers, Ende seines religiösen Universalanspruchs,
  - lange Friedensperiode in Europa (bis 1618).

Dreißigjähriger Krieg

- Erneut beginnende konfessionelle Konfrontation (1570–1618)
  - Politischer Generationswechsel,
  - katholische Gegenreformation nach dem Konzil von Trient 1563,
  - „zweite Reformation“: Vordringen des reformierten Bekenntnisses.

- Konfessionelle Bündnisse
  - Gründung der **„Union“** (1608): Protestantische Fürsten wollten ihre Freiheiten gegenüber dem Kaiser gegenseitig absichern,
  - Gründung der **„Liga“**, eines militärischen Gegenbündnisses der katholischen Fürsten (1609).

- Verlauf des Dreißigjährigen Krieges (1618–1648)
  - Anlass: **Prager Fenstersturz** (Mai 1618): Als Kaiser Ferdinand II. das protestantische Böhmen zwang, wiederum den katholischen Glauben anzunehmen, warfen böhmische Adlige kaiserliche Räte aus dem Fenster,
  - mehrere Teilkriege: Böhmischer Krieg (1618–1623), Dänischer Krieg (1625–1629), Schwedischer Krieg (1630–1635), Französisch-Schwedischer Krieg (1635–1644),
  - spätestens ab 1635 trat die Religion in den Hintergrund, entscheidender Kriegsgrund war der machtpolitische Nutzen,
  - Ausbluten beider Kriegsparteien ohne entscheidende Erfolge.

- Folgen für Bevölkerung
  - **„Der Krieg ernährt den Krieg“**: Austragen des Krieges auf dem Rücken der Bevölkerung, z. B. durch Plünderungen, Kontributionen,
  - Dezimierung auf ein Drittel durch Kriegsgräuel, Hungersnöte und Pest.

- **Westfälischer Friede** (1648)
  - Ende der konfessionellen Auseinandersetzung mit der rechtlichen Gleichstellung von Lutheranern, Katholiken und Calvinisten,
  - freie Religionswahl der Untertanen.

Voraussetzungen der Industrialisierung

- Die industrielle Revolution kam zuerst in England zum Durchbruch, da die unten stehenden Bedingungsfaktoren gleichzeitig aufeinandertrafen.

- Agrarrevolution
  - Einhegungen: Umwandlung des Gemeindelandes in Privatbesitz,
  - Ertragssteigerung durch neue Techniken, Düngung, Fruchtwechsel.

- Gesellschaft
  - **Offene Gesellschaft**: schwaches Zunftwesen, Bereitschaft Adliger, Geld in Unternehmen zu investieren,
  - **Bevölkerungsexplosion** durch Absinken der Sterberate (aufgrund besserer Nahrungsmittelversorgung),
  - **Landflucht** erzeugte Arbeitskräftepotenzial in den Städten.

- Kapitalistische Mentalitäten
  - **Adam Smith**: Sein Buch „Wealth of Nations" begründete theoretisch den Kapitalismus,
  - **calvinistische Erwerbsethik**: materieller Wohlstand als Zeichen von Gottes Wohlgefallen gedeutet.

- Technische **Erfindungen**, z. B. Spinning Jenny, Dampfmaschine.

- Rolle des Staates: **Nachtwächterstaat** griff nicht korrigierend in die Wirtschaft ein.

- Märkte
  - Großer Binnenmarkt aufgrund territorialer Einheit,
  - Kolonialreich (Dreieckshandel).

- Natürliche Gegebenheiten: Insellage; jeder Punkt des Landes kann über Flüsse schnell einen Hafen erreichen; Ressourcen (Kohle, Eisen).

Leitsektoren

- **Textilindustrie** als Leitsektor der Frühindustrialisierung (ab 1760)
  - Protoindustrialisierung im Verlagssystem, vor allem in Lancashire, der „Wiege der Industrialisierung Englands“,
  - steigender Bedarf an Kleidung im 18. Jahrhundert.

- **Mechanisierung**
  - Erfindungs-„Wettlauf“ im Spinnen und Weben: Spinning Jenny (1764) und der mechanische Webstuhl (1784) als Schlüsselerfindungen,
  - beginnendes Maschinenzeitalter ließ zentralisiertes **Fabriksystem** entstehen.

- Bedeutung
  - Anfang des 19. Jahrhunderts machten Baumwollprodukte die Hälfte aller britischen Exporte aus („King Cotton“),
  - rasches Anwachsen der Städte mit Textilverarbeitung (z. B. Manchester),
  - Verelendung von Webern.

- Mit Kohle und Eisen zur **Schwerindustrie** (ab 1800)
  - Verbilligte, industrielle Gusseisenherstellung durch Verhüttung von Koks,
  - Puddelverfahren: Steinkohle statt der bisher eingesetzten Holzkohle ermöglichte **Stahlproduktion** aus Eisenerz im Hochofen,
  - Kohle- und Eisenerzabbau durch Einsatz von Dampfmaschinen als Wasserpumpen bzw. zur Fördertechnik im Bergwerk.

- **Eisenbahn** als neuer Leitsektor (ab 1830)
  - „Dampfmaschine auf Rädern“,
  - erzeugte Transportrevolution,
  - schuf ungeheure Nachfrage nach Kohle und Stahl.

„Revolution von oben“

- In Deutschland musste der Staat erst die Voraussetzungen bzw. Rahmenbedingungen für die Industrialisierung schaffen. Deshalb spricht man von einer „Revolution von oben“.

- **Bauernbefreiung** (1806)
  - Aufhebung der feudalen Grundherrschaft,
  - Ende der persönlichen Unfreiheit,
  - Freisetzung von Mobilität (Landflucht).

- **Gewerbefreiheit** (1807/11)
  - Abschaffung der Zünfte und Monopole,
  - Folge: Ausbildung eines wirtschaftlichen Konkurrenzgedankens.

- **Zollverein** (1834)
  - Seit 1818 Abbau merkantilistischer Protektion durch Gründung einer Zollunion,
  - wirtschaftliche Überwindung der territorialen Zersplitterung,
  - Schaffung eines gewaltigen Binnenmarktes ohne Zollschranken,
  - Vereinheitlichung von Maßen und Gewichten.

- Darüber hinaus fungierte der **Staat** als **Antriebsmotor** der Industrialisierung.
  - Staatlicher Eisenbahnbau,
  - Verstaatlichung privater Aktiengesellschaften.

Verspäteter industrieller Take-off

- Keine Frühindustrialisierung wie in England
  - In den ersten Jahrzehnten des 19. Jahrhunderts überschwemmten englische Textilprodukte den europäischen Markt,
  - kaum Absatzmöglichkeiten für deutsche Textilien.

- Genaue Datierung des industriellen Take-offs ist umstritten, meist wird das Jahr **1835** angegeben. Damit hinkte Deutschland ca. 50 Jahre hinter der englischen Entwicklung hinterher.

- **Eisenbahn** als Schlüsselindustrie
  - 1832 wurde die erste Lokomotive der Firma Borsig gebaut, 1854 waren es schon 500, wiederum vier Jahre später 1000,
  - 1840 war das Eisenbahnschienennetz 469 km lang, nur zehn Jahre später betrug es 5856 km,
  - Steigerung der Nachfrage nach **Kohle** und **Stahl**, den Trägern der ersten industriellen Phase in Deutschland.

- Aufbau des Ruhrgebietes als neuem Industriezentrum nach 1848

- Merkmale der deutschen Industrialisierung
  - Massive Verdrängung von Handwerk und Hausindustrie führte zu **Pauperismus** und sozialem Protest (z. B. Weberaufstand 1844),
  - **hohes Tempo**: schnelles Aufholen und Überholen des englischen Industrialisierungsniveaus durch Bildung von Großbetrieben,
  - Finanzierung durch **Aktiengesellschaften**.

Gründerboom und Gründerkrach

- Allgemein starkes Wachstum der Industrie seit den 1850er Jahren.

- **Überhitzte Konjunktur** des Gründerbooms (1871–1873)
  - Nationale Euphorie nach der Gründung des Kaiserreiches 1871,
  - französische Reparationsleistungen von fünf Millionen Francs in Gold entfachte Wirtschaftsboom,
  - spekulative Firmengründungen, insbesondere Aktiengesellschaften,
  - wirtschaftliches Klima erzeugte Spekulationsblase.

- **Gründerkrach** 1873
  - Börsenkrach in Wien,
  - Zusammenbruch von Banken in Deutschland,
  - Liquiditätsprobleme der Industrie führten zur Wirtschaftskrise,
  - Zinserhöhungen für Kredite brachten vor allem Eisenbahngesellschaften in Bedrängnis,
  - Konkurse von Unternehmen, Entlassungen und Lohnkürzungen.

- Psychologische Folgen
  - Angst vieler Kleinbürger vor dem sozialen Abstieg, Verbreitung von antisemitischen Verschwörungstheorien,
  - Zeitgenossen nahmen die Phase von 1873–1890 als „Große Depression" wahr; Historiker widersprechen dem entschieden, da es ab 1879 wieder zu einem Wirtschaftsaufschwung kam.

- Bismarcks **Protektionismus** ab 1878
  - Bismarck reagierte mit einem politischen Kurswechsel, so dass er wieder verstärkt in die Wirtschaft eingriff, d.h.
  - Abkehr des Kaiserreichs vom wirtschaftlichen Liberalismus,
  - Einführung von Schutzzöllen, wovon vor allem rheinische Industrielle und ostelbische Großgrundbesitzer profitierten.

Hochindustrialisierung

- Die Phase der Hochindustrialisierung in Deutschland wird zeitlich mit dem Kaiserreich (1871–1914) gleichgesetzt.

- Konjunkturelle Entwicklung
  - Periodische Einbrüche,
  - verlangsamter Aufschwung gegenüber dem industriellen Take-off um die Jahrhundertmitte,
  - neuer Wachstumsschub durch Hochkonjunktur von 1896 bis 1914.

- Neue **Leitsektoren** prägten das Gesicht der „zweiten" industriellen Revolution.
  - Elektrotechnik: Elektrisches Licht und Telefon wurden zum Alltag; Entwicklung von Generatoren und Elektromotoren,
  - chemische Industrie: Deutschland als Weltmarktführer (80% der globalen Produktion) bei Kunststoffen, z. B. Zellophan, Explosivstoffen, Kunstdünger, Arzneimittel.

- Zunehmende Unternehmenskonzentration durch Konzern- und Kartellbildungen.

- Gesellschaftliche Folgen
  - Übergang von traditioneller Agrargesellschaft zur Industriegesellschaft

Anteil der Beschäftigen (in %)

Wirtschaftssektor	1871	1882	1895	1907
Landwirtschaft	49,3	42,2	36,6	34,0
Industrie/Gewerbe	28,9	35,6	38,9	40,0
Dienstleistungen	21,8	22,2	24,8	26,0

Zahlen nach: Toni Pierenkemper: Umstrittene Revolution. Die Industrialisierung im 19. Jahrhundert, Frankfurt a. M. 1996, S. 96.

  - **Binnenwanderung** in die Industriegebiete und Großstädte („größte Massenbewegung der deutschen Geschichte"),
  - Steigerung des Lebensstandards.

Voraussetzungen

- Einwanderer aus Europa
  - Unerschöpfliches Reservoir an Arbeitskräften,
  - Höhepunkt der Einreisewelle 1907,
  - **Verdreifachung** der Bevölkerung zwischen 1860 und 1910 von 31 auf 91 Millionen.

- Ideologische Voraussetzungen
  - Calvinistische Erwerbsethik, die von puritanischen Siedlern von England nach Amerika gebracht worden war,
  - Frontier-Spirit,
  - stark ausgeprägter Individualismus,
  - **sozialdarwinistisches Denken**: „Survival of the Fittest",
  - American Dream.

- Politische Rahmenbedingungen
  - **Wirtschaftsliberalismus,**
  - Zurückhaltung des Staates bei der Regulierung der Wirtschaft, insbesondere auf Seiten der Republikaner,
  - Abschottung der amerikanischen Wirtschaft durch Schutzzölle.

- Wirtschaftliche Faktoren
  - Amerikanischer Binnenmarkt als weltweit größter zusammenhängender Wirtschaftsraum,
  - Vertrauen ausländischer Kreditgeber in den amerikanischen Aufschwung,
  - große Mengen an leicht abbaubaren Ressourcen (Kohle, Eisenerz).

- Technologischer Fortschritt
  - Erfindungen von der **Glühbirne** bis zum **Fließband** stimulierten die weitere wirtschaftliche Entwicklung.

Big Business

- Zwischen dem Sezessionskrieg und dem Ersten Weltkrieg (1865–1914) entwickelten sich die USA zu einem hoch industrialisierten Land.
  - Regional sehr unterschiedliche Entwicklung,
  - 1890 stammten 85% aller Industrieprodukte aus dem Norden,
  - Westen als Rohstofflieferant,
  - der amerikanische Süden holte auf, litt aber an den Folgen des Bürgerkrieges.

- **Eisen-** und **Stahlindustrie** als Leitsektoren

- Zentrale Bedeutung der Eisenbahn, deren Ausbau eine notwendige Voraussetzung zur Erschließung des Landes war.

- **Tempo**
  - Noch schnellere Industrialisierung als in Deutschland,
  - USA war am Vorabend des Ersten Weltkriegs bereits die stärkste Wirtschaftsmacht der Welt.

  Anteile an Weltindustrieproduktion (in %)

Jahr	D	GB	USA	Russland
1870	13,2	31,8	23,3	3,7
1913	15,7	14,0	35,8	5,5
1926/29	11,6	9,4	42,2	4,3

Aus: Gilbert Ziebura: Weltwirtschaft und Weltpolitik 1922/24-1931. Zwischen Rekonstruktion und Zusammenbruch, Frankfurt a. M. 1984, S. 44.

- Konzentration von Unternehmen
  - Bildung von **Trusts** (vertikale Konzentration) und **Kartellen** (horizontale Konzentration), z. B. J. P. Morgans „United States Steel Corporation" oder Rockefellers „Standard Oil Company",
  - monopolistische Kontrolle über 80–90% der amerikanischen Stahlproduktion bzw. Raffinerien,
  - enormer Einfluss auf die Politik und Verwaltung.

Roaring Twenties

- Der spürbare Wirtschaftsaufschwung der 1920er Jahre revolutionierte die Lebensverhältnisse.

- **Fords T-Modell** prägte das Jahrzehnt
  - **Massenproduktion** am Fließband in Fords Automobilfabrik,
  - verbilligte Fertigung durch Verwendung von Standardteilen,
  - Ausweitung auf andere Konsumgüter, z. B. Radio, Kühlschränke,
  - Verbreitung des Automobils zog den Bau von Straßen und neuen Stadtvierteln nach sich.

Fords T-Modell

- Gesellschaftliche Folgen
  - Entwicklung zu einer **Massenkonsumgesellschaft**,
  - neuer Lebensstandard mit elektrischen Geräten,
  - neue Mobilität: Wohlhabende zogen in die Vorstädte,
  - neues Freizeitverhalten (Ausflüge),
  - Erwartung eines fortwährenden Aufschwungs.

- **Kulturelle Blüte**
  - Musik (Jazz),
  - neue Mode,
  - neues Frauenbild (vgl. Flapper-Girls).

Börsenkrach und Große Depression

- Die „Prosperity" der 20er Jahre stand auf tönernen Füßen.
  - Industrielle **Überproduktionskrise** seit 1926,
  - Aufschwung beruhte lediglich auf Konsumgütern,
  - Verschuldungskrise der Landwirtschaft,
  - Finanzierung des Wachstums auf Pump (Ratenkredite),
  - weit verbreitete Spekulation an der Börse.

- Am **„Black Thursday"**, dem 24. Oktober 1929, platzte an der Wall Street die **Spekulationsblase** mit weit überhöhten Aktienkursen und löste damit eine Weltwirtschaftskrise aus.

- Die folgende „Great Depression" zeigte psychologische und wirtschaftliche Folgen der Krise.

- **Psychologische** Krise
  - Zerplatzen des amerikanischen Traumes,
  - Vertrauensverlust gegenüber der Politik, da der republikanische Präsident Hoover nichts unternahm. Er verstand die Ereignisse als eine der periodisch wiederkehrenden Krisen, in denen der Markt bereinigt wird.

- Wirtschaftliche Folgen
  - Zusammenbruch der Banken,
  - **Abwärtsspirale**: Liquiditätskrise der Unternehmen, Konkurse, Entlassungen, noch weniger Absatz, noch mehr Firmenzusammenbrüche,
  - **Massenarmut**,
  - „bread lines" (Anstehen für Suppenküchen) als typisches Straßenbild.

- Weltweite Auswirkungen durch internationale Finanzströme, z. B. US-Kredite an Deutschland, die schlagartig zurückgefordert wurden.

Roosevelts New Deal

- Reformprogramm des demokratischen Präsidenten **Franklin D. Roosevelt**, der mit dem Slogan des „New Deal" (wörtlich: Neuverteilung der Karten) einen Neuanfang im Verhältnis von Regierung, Wirtschaft und Gesellschaft ankündigte.

- Theoretisches Konzept (entwickelt von J. M. Keynes)
  - Wirtschaft verläuft in Zyklen von Boom und Rezession,
  - Notwendigkeit einer **antizyklischen** Wirtschaftspolitik,
  - „deficit spending": In Zeiten der Rezession muss die Politik Schulden machen, um den Menschen Arbeit, Geld und Kaufkraft zu geben.

- Dirigistische **Regulierung** der Wirtschaft
  - Unterbindung der Spekulationsgeschäfte der Banken,
  - Aufsicht über die Börse,
  - Prämien für den Abbau von landwirtschaftlichen Nutzflächen, um Preisverfall der letzten Jahre zu stoppen,
  - Festlegung von Mindestlöhnen, Arbeitszeiten und Arbeitsbedingungen.

- **Arbeitsbeschaffungsmaßnahmen**
  - Freiwilliger Arbeitsdienst, z. B. in der Forstwirtschaft, in Nationalparks,
  - **Tennessee Valley Projekt**: Errichtung eines Staudammes und einer umfassenden Infrastruktur.

- Zweiter New Deal (ab 1935)
  - Anerkennung der Gewerkschaften als Tarifpartner,
  - Errichtung eines rudimentären Sozialversicherungssystems.

- Beurteilung
  - Übergang zum modernen **Sozialstaat**,
  - wirtschaftlich mäßig erfolgreich, aber psychologisch wichtig, um den Menschen wieder Hoffnung zu geben.

Schattenseiten der Industrialisierung

- Die sozialen Missstände, die im Zusammenhang mit der Industrialisierung auftraten, werden als **„soziale Frage“** bezeichnet.

- Arbeitsbedingungen
  - **Ausbeutung** der Arbeiter,
  - Arbeitszeiten von bis zu 16 Stunden,
  - kaum Arbeitsschutz (häufige Unfälle),
  - fast keine Rechte gegenüber dem Arbeitgeber.

- **Frauen- und Kinderarbeit**
  - Arbeiterfrauen mussten zum Familienerwerb beitragen,
  - ungleiche Bezahlung gegenüber Männern,
  - Kinderarbeit in Bergwerken (Jungen) oder Textilfabriken (Mädchen), wo die geringe Größe ihrer Körper oder Hände von Vorteil war,
  - Kinderarbeit als Hindernis für Schulbesuch.

- Wohnverhältnisse
  - Wildwuchs der Mietskasernen bzw. **Elendsviertel**,
  - Familien mussten mit sehr wenig Platz auskommen (häufig nur ein Zimmer),
  - keine Privatsphäre,
  - häufig wurden sogenannte „Schlafgänger“ aufgenommen, die sich für die Nacht in einem Bett einquartierten,
  - hygienische Missstände (kein fließendes Wasser, keine Toilette).

- Pauperismus
  - **Verelendung** breiter städtischer Unterschichten,
  - existenzielle Bedrohung für Handwerker durch Fabrikproduktion.

- Umweltzerstörung

Lösungsansätze: Kirchen, Unternehmer, staatliche Sozialpolitik

- Katholische Kirche
  - **Päpstliche Enzyklika** „Rerum Novarum“ (1891): Aufruf zum Miteinander von Unternehmern und Arbeitern, aber Akzeptanz der gesellschaftlichen Verhältnisse („Eigentum ist heilig“),
  - politische Betätigung, z. B. in katholischen Gewerkschaften, Arbeitervereinen.

- Evangelische Kirche
  - **Einzelinitiativen** mit karitativer Zielsetzung (z. B. Wicherns „ Rauhes Haus“, Predigten),
  - keine Einmischung in die Politik bzw. kein Versuch der gesellschaftlichen Veränderung.

- Unternehmer
  - Kaum innerbetriebliche Sozialpolitik,
  - betriebliche Rentenkasse oder Wohnungen häufig lediglich aus der Motivation, die Arbeiter an das Unternehmen zu binden bzw. um der Sozialdemokratie den Wind aus den Segeln zu nehmen,
  - patriarchalische Ordnungsversuche, z. B. des Freiherrn von Stumm-Halberg: Unternehmer als Vaterersatz, dem sich die Arbeiter auch in privaten Dingen bedingungslos fügen mussten.

- **Bismarcks Sozialpolitik**
  - Krankenversicherung (1883), Unfallversicherung (1884), Invaliditäts- und Rentenversicherung (1889),
  - der Intention nach primär kein Lösungsansatz der sozialen Frage, sondern Maßnahme gegen die Sozialdemokratie (Doppelstrategie mit Sozialistengesetz),
  - geringe Leistungen, Rente erst ab 70 Jahren,
  - langfristige Wirkung: Grundlage unseres heutigen Sozialstaates.

Marx und Arbeiterbewegung

- Mit der Vision einer **kommunistischen Gesellschaft**, die durch eine proletarische Revolution entstehen sollte, bot Karl Marx den radikalsten Lösungsansatz der sozialen Frage.

- Marx' Theorie des **historischen Materialismus**
  - Geschichte als eine gesetzmäßige Abfolge von Klassenkämpfen,
  - unabdingbares Nacheinander der Sklavenhaltergesellschaft, des Feudalismus und des Kapitalismus,
  - Ende der Geschichte in **klassenloser Gesellschaft** des Sozialismus.

- „Das Sein bestimmt das Bewusstsein"
  - Materielle Basis der Produktionsverhältnisse,
  - geistiger Überbau wird von den Besitzenden zur Absicherung ihrer Herrschaft bestimmt, z. B. Religion als Opium für das Volk,
  - immer größer werdender Widerspruch im Kapitalismus zwischen den ausgebeuteten, klassenbewussten Proletariern und der besitzenden Bourgeoisie führt nach Marx zwangsläufig zur Revolution.

- Sozialdemokratie
  - Im Richtungsstreit zwischen Lassalleanern und radikaleren „Eisenachern" (Bebel, Liebknecht) konnten sich die gemäßigten Kräfte durchsetzen,
  - demokratische Mitbestimmung als politische Strategie, Sozialismus als Fernziel,
  - zentrale Forderung **Ferdinand Lassalles** in den 1860er Jahren: allgemeines Wahlrecht,
  - Kautsky definierte 1893 die Sozialdemokratie als eine „revolutionäre, nicht aber eine Revolution machende Partei".

- Gewerkschaften mit dem Ziel konkreter betrieblicher Verbesserungen

- Einfluss radikaler Gedanken von Marx auf deutsche Arbeiterbewegung war eher begrenzt.

Ursachen

- Amerikanisches Selbstverständnis
  - Puritanische Siedler, die wegen ihrer Religion verfolgt worden waren, brachten eine ausgeprägt kritische Einstellung gegen jegliche Form von Regierung – insbesondere die britische – mit in die neue Welt,
  - Mayflower Vertrag (1620): Idee der demokratischen **Selbstverwaltung** der Siedler.

- Britische **Steuerpolitik**
  - Grundverständnis Großbritanniens: Kolonien zur Versorgung des Mutterlandes mit Rohstoffen und zur Abnahme von Fertigprodukten.
  - Nach Ende des Siebenjährigen Krieges (1754–1763), in dem die Briten ihre koloniale Vorherrschaft in Nordamerika gegenüber den Franzosen durchsetzten, versuchte der britische König, einen Teil der durch den Krieg entstandenen Schulden auf die Kolonien abzuwälzen.
  - Sugar Act (1764) erhob Zoll auf Zucker,
  - Stempelsteuer (1765) auf alle amtlichen Schriftstücke und Drucksachen; erste direkte Steuer, spürbar für die breite Masse,
  - Townshend Acts (1767): Gebühren auf importierte Waren des täglichen Gebrauchs wie Blei, Tee, Glas, Papier und Leder.

- **Massaker** von Boston (1770)
  - Britische Truppen töteten fünf amerikanische Kolonisten,
  - Vorfall wurde von amerikanischer Unabhängigkeitsbewegung propagandistisch ausgeschlachtet.

- Amerikanische Reaktionen auf britische Politik
  - **„No taxation without representation"**: Die amerikanischen Kolonisten wollten keine britischen Steuergesetze akzeptieren, solange sie nicht im Parlament in London mit Stimmrecht vertreten waren,
  - Massenproteste,
  - Boykottaufrufe gegenüber britischen Waren.

Von der Boston Tea Party zur Unabhängigkeitserklärung

- **Boston Tea Party** (1773) gilt als Beginn der amerikanischen „Revolution"
  - Tea Act: Teeschiffe der East India Company wurden von Importzöllen befreit und durften ohne Zwischenhändler in Amerika ihren Tee verkaufen,
  - „Sons of Liberty", eine Gruppe, die sich für die amerikanische Unabhängigkeit aussprach, versuchte, britische Schiffe mit Dumpingpreisen für Tee am Ausladen zu hindern,
  - als Indianer verkleidete Bostoner Bürger warfen Tee im Wert von umgerechnet 700 000 Euro in den Hafen.

- Eskalation
  - Intolerable Acts der britischen Krone,
  - erster amerikanischer Kontinentalkongress (1774): Verweigerung des Handels mit Großbritannien und Aufbau einer Kontinentalarmee.

- **Unabhängigkeitserklärung** 4. Juli 1776
  - Formulierung des Widerstandsrechts gegen ungerechte Regierung,
  - Loslösung von Großbritannien,
  - Gleichheit aller Bürger,
  - amerikanische Ideale: Leben in Freiheit, Streben nach Glück.

- Unabhängigkeitskrieg (1775–1783)
  - Kontinentalarmee unter George Washington,
  - kriegsentscheidende französische Unterstützung der Amerikaner,
  - Anerkennung der amerikanischen Unabhängigkeit durch Großbritannien im Frieden von Paris (1783).

- Für viele Historiker endet die Revolutionszeit (1763–1789) mit der Verabschiedung der amerikanischen Verfassung 1787/89 und der Wahl Washingtons zum ersten Präsidenten.

Beurteilung: Unabhängigkeitskrieg oder Revolution?

- In der Regel werden Revolutionen als historische Wandlungsprozesse definiert, in der es in kurzer Zeit zu einer grundlegenden Veränderung der politischen Machtverhältnisse und der sozioökonomischen Strukturen kommt.

- Im Vergleich zur Französischen und Russischen Revolution, die die obigen Kriterien zweifellos erfüllen, bleibt fraglich, ob es sich bei den amerikanischen Vorgängen tatsächlich um eine Revolution handelt.
  - Es fand kein Austausch der Führungsschichten statt. Die bürgerliche Ober- und Mittelklasse, die die koloniale Herrschaft Großbritanniens abgelehnt hatte, blieb an der Macht.
  - Es gab keine neue Besitzverteilung, die ökonomischen Verhältnisse blieben gleich.
  - Die Kolonisten nahmen für sich Rechte in Anspruch, die schon seit längerer Zeit in Großbritannien galten (Magna Carta, Common Law).
  - Das Streben nach Unabhängigkeit war ein langer Entwicklungsvorgang, der seine Wurzeln lange vor 1763 hatte.
  - In dieser Perspektive erscheinen die spannungsvollen Jahre von 1763 bis 1783 lediglich als Loslösungsprozess vom Mutterland, der im Unabhängigkeitskrieg gipfelte.

- **Verfassungsrevolution?**
  - Bezieht man das Verfassungswerk von 1787/89 in die Revolutionszeit mit ein, so ergibt sich freilich ein anderes Bild:
  - Radikale Verwirklichung der Volkssouveränität,
  - **Checks and Balances** als erste Verwirklichung der politischen Gewaltenteilung,
  - universeller Anspruch der Menschenrechtserklärung.

- Mit der Einrichtung einer starken Exekutive (Präsident) erhielt der lose Staatenbund einen **bundesstaatlichen Zusammenhalt**, eine wesentliche Voraussetzung zur Entwicklung einer amerikanischen Nation.

Ständegesellschaft des Ancien Régime

- Am Vorabend der Französischen Revolution war die Gesellschaft in drei Stände aufgeteilt.

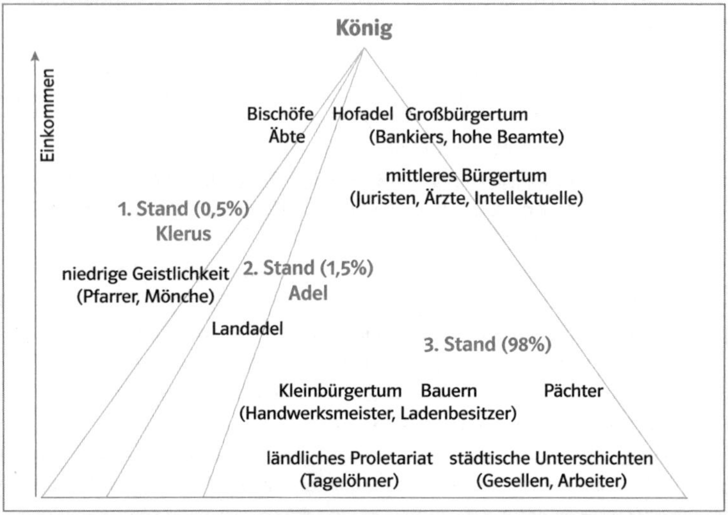

- Privilegien der ersten beiden Stände
  - Steuerfreiheit,
  - Leben am Hof.

- Situation des Dritten Standes
  - Keine politische Mitsprache,
  - existenzbedrohende Abgabenlast (Steuern, Kirchenzehnt und Feudalabgaben an Grundherren), insbesondere bei der Masse der Bauern.

- **Solidarisierungspotenzial**: Einkommen und Alltagsprobleme der niederen Geistlichkeit und des verarmten Landadels glichen denen des Dritten Standes.

Ursachen der Revolution

- Die Französische Revolution hatte politische, gesellschaftliche, ökonomische und geistesgeschichtliche Ursachen.

- Politik
  - Willkür des **Absolutismus**,
  - drohender **Staatsbankrott**, vor allem durch Engagement im amerikanischen Unabhängigkeitskrieg,
  - Weigerung der Privilegierten, Steuern zu zahlen (Pré-Revolution),
  - Einberufung der **Generalstände** (erstmalig seit 1614) als letztes Mittel, Einkünfte zu generieren,
  - Wahlen zu Generalständen erzeugten politische Öffentlichkeit; Sammlung von Missständen und Erwartungshaltung der Massen ließ unbeabsichtigt revolutionäre Stimmung entstehen.

- Gesellschaft
  - Ungleichheit der Ständegesellschaft,
  - Leben der ersten beiden Stände auf Kosten des politisch machtlosen Dritten Standes.

- Wirtschaft
  - Herausbildung des Kapitalismus,
  - Missernten im unmittelbaren Vorfeld der Revolution,
  - Teuerung: Brotpreis erreichte 1789 einen Jahrhunderthöchststand.

- Aufklärung
  - Von der Vernunft geprägte, geistesgeschichtliche Bewegung des 18. Jahrhunderts, die gesellschaftspolitische Zustände und Autoritäten nicht mehr bedingungslos akzeptierte, sondern kritisch hinterfragte.
  - **Montesquieu**: Prinzip der Gewaltenteilung,
  - **Rousseau**: Idee der Volkssouveränität; demokratische Herrschaftslegitimation ist der allgemeine Wille.

Ballhausschwur

- Mit dem Zusammentreten der Generalstände wurde aus der Finanzkrise des Königs eine **Staatskrise.**
  - Traditionelle Abstimmung der Stände in getrennten Kammern; jeder Stand hatte eine Stimme,
  - Forderung des Dritten Standes nach einer Abstimmung nach Köpfen.

- Erwachendes Selbstbewusstsein des Dritten Standes
  - Populäre Schrift des Abbé Sieyès „Was ist der Dritte Stand?“ formulierte Anspruch des Dritten Standes, die gesamte Nation zu vertreten,
  - Versammlung des Dritten Standes erklärte sich zur **Nationalversammlung** (17. Juni 1789).

- Verbrüderung der Stände und offener Widerstand (20. Juni 1789)
  - Solidarisierung etlicher Vertreter der ersten beiden Stände,
  - Treffen im Ballhaus, da König Ludwig das Parlamentsgebäude abriegeln ließ,
  - Schwur, nicht eher auseinanderzugehen, bis der König eine Verfassung erlassen habe.

- Der Ballhausschwur markiert den eigentlichen Beginn der Revolution, auch wenn im öffentlichen Bewusstsein der Sturm auf die Bastille am 14. Juli 1789 als solcher gefeiert wird.

Verschränkung dreier Revolutionen

- Die Französische Revolution zerfiel bei genauer Betrachtung in drei unterschiedliche Revolutionen, die sich gegenseitig verstärkten. Nur im Zusammenspiel konnten sie das Ancien Régime ins Wanken bringen.

- **Bürgerliche** Verfassungsrevolution
  - Ballhausschwur (20. Juni 1789),
  - Erklärung der Bürger- und Menschenrechte,
  - Verfassung von 1791.

- **Grand Peur** – Revolution auf dem Land
  - Bis Juli 1789 waren die Bauern kaum in Erscheinung getreten,
  - gewaltsamer Sturm auf Klöster und Schlösser sowie Verbrennung von Urkunden,
  - Verzichtserklärung der Feudalherren auf ihre Rechte (4. August 1789),
  - frühzeitiges Ende der bäuerlichen Revolution.

- Revolution der städtischen Unterschichten/**Pariser Revolution**
  - Sturm auf die Bastille (14. Juli 1789), um an Waffen und Munition zu gelangen,
  - Zug der Frauen nach Versailles (5. Oktober 1789): Pariserinnen erzwangen den Umzug Ludwigs XVI. nach Paris,
  - Forderung nach einer sozialen Revolution durch die Sansculotten,
  - Sturm auf die Tuilerien (10. August 1792) führte zur Absetzung des Königs.

- Während die juristische Revolution der Bürgerlichen weitgehend friedlich und geplant war, verliefen die beiden anderen revolutionären Bewegungen spontan und gewaltsam.

Bürgerliche Phase (1789–1791)

- Die ersten beiden Jahre der Französischen Revolution waren geprägt von Erfolgen bürgerlicher Zielsetzungen.

- Erklärung der **Bürger**- und **Menschenrechte**
  - Meilenstein in der Geschichte Europas,
  - Ende der absolutistischen Willkür,
  - Garantie von Freiheit und Gleichheit.

- **Wirtschaftspolitik**
  - Schutz des Eigentums,
  - Gewerbefreiheit,
  - Verbot von Streiks,
  - Aufhebung der Binnenzölle.

- **Verfassung** von **1791**
  - Konstitutionelle Monarchie mit suspensivem (aufschiebendem) Veto des Königs,
  - Gewaltenteilung,
  - Zensuswahlrecht (bevorzugte die Besitzenden).

- Versuch, die Revolution zu beenden, war zum Scheitern verurteilt.
  - Bürgerliche Angst vor weiter gehender sozialer Revolution,
  - Sansculotten ging das 1791 Erreichte nicht weit genug, sie forderten Lösungen für die immer noch währende Wirtschaftskrise,
  - Monarchisten, Adel und Klerus wollten zu vorrevolutionären Zuständen zurück,
  - Verhalten des Königs gefährdete bürgerliche Zustimmung zur Monarchie und erzeugte einen politischen Linksrutsch.

Von der Monarchie zur Republik

- Vordergründige Zustimmung Ludwigs XVI.
  - Anerkennung der widerrechtlichen Erklärung zur Nationalversammlung,
  - öffentliche Zurschaustellung mit Symbolen der Revolution,
  - Anerkennung der Verfassung.

- König verfolgte eine Strategie der punktuellen Verweigerung, keine Fundamentalopposition, z. B.
  - Ablehnung der Durchführungsdekrete zur Abschaffung des Feudalismus (Augustbeschlüsse),
  - suspensives (aufschiebendes) Veto gegen Bürger- und Menschenrechte.

- In Wahrheit zielte er aber auf die Wiederherstellung seiner alten Machtposition.

- **Flucht** nach Varennes (Juni 1791)
  - Königsfamilie wurde an der Grenze zu Belgien erkannt und nach Paris zurückgebracht,
  - zurückgelassener Brief kündigte die Auflösung der Nationalversammlung an.

- Ludwigs Hoffen auf eine militärische Niederlage Frankreichs
  - Sturm auf die Tuilerien (10. August 1792): gefundene Korrespondenz zeigte den König als „Verräter", der auf ausländische Hilfe wartete,
  - unter dem Druck der Straße setzte die Nationalversammlung Ludwig XVI. ab,
  - Abschaffung der Monarchie (21. September 1992); Frankreich wurde **Republik**.

- **Hinrichtung** des Königs (27. Januar 1793)
  - Knappe Mehrheit im Prozess für den Tod Ludwigs XVI. durch die Guillotine.

Terrorherrschaft der Jakobiner

- Die jakobinische Terrorherrschaft (1793–1794) muss als verzweifelter Versuch verstanden werden, folgenden Bedrohungen zu begegnen.
  - Radikalisierung der Politik seit Ausrufung der Republik (Septembermorde 1792, Hinrichtung der Königs 1793),
  - **Krieg** gegen internationale Koalition der Monarchen,
  - Aufstand in der Vendée: Bauern, Priester und Emigranten im offenen Widerstand gegen die Regierung,
  - **Bürgerkrieg**: 60 von 83 Departements sagten sich von Paris los,
  - fortwährende Wirtschaftskrise,
  - Druck der **Sansculotten**.

- Politische Maßnahmen
  - Errichtung einer **Notstandsdiktatur** des Wohlfahrtsausschusses unter Maximilien de Robespierre,
  - radikaldemokratische Verfassung von 1793 wurde nicht in Kraft gesetzt,
  - Ausschaltung innerparteilicher Opposition (Herbértisten, Danton),
  - Gesetz über die Verdächtigen (1793) und Prairial-Dekret (1794) legitimierten Terror gegen jeden beliebigen politischen Gegner (z. B. „wer Mutlosigkeit zu verbreiten sucht"),
  - ca. 17 000 Hinrichtungen, vor allem von Sansculotten und Bürgerlichen; bis zu 300 000 Inhaftierte.

- **Wirtschaftliche Zwangsmaßnahmen**: Maxima für Lebensmittelpreise und Löhne

- Militärische Maßnahmen
  - **Allgemeine Wehrpflicht**,
  - gewaltsame Niederschlagung der Aufstände.

- Mit dem Ende der Bedrohungen wurde der Terror funktionslos. Schließlich wurde Robespierre selbst Opfer der Guillotine (27. Juli 1794).

Napoleon

- Napoleon kam durch den **Staatsstreich** vom 9. November 1799 an die Macht, nachdem er sich als erfolgreicher Revolutionsgeneral große Popularität erworben hatte.

- Während Bürgerliche (Jakobiner, Direktorium) von der Dynamik der Revolution nach kurzer Zeit überrollt worden waren, gelang es Napoleon, langfristig alle Bevölkerungsteile durch folgende Maßnahmen an sich zu binden.
  - Friedensverträge mit Österreich, Spanien und England,
  - Beendigung des Bürgerkrieges, Amnestie für Aufständische und Emigranten,
  - Aussöhnung mit der Kirche (Konkordat),
  - allgemeines Wahlrecht befriedigte die Sansculotten,
  - Code Napoléon garantierte Rechtssicherheit.

- **Kaiserkrönung** 1804
  - Legitimierung durch Volksabstimmung: Mit überwältigender Mehrheit stimmten die kriegs- und revolutionsmüden Franzosen der Errichtung eines Erbkaisertums zu,
  - Napoleon krönte sich selbst in Notre-Dame zum Kaiser.

- Napoleon als Vollender oder Überwinder der Revolution?
  - Napoleon verhalf Grundprinzipien der Revolution (z. B. Gleichheit) zu einer dauerhaften Geltung.
  - Gleichzeitig kehrte Frankreich zu einer Erbmonarchie wie vor der Revolution zurück. Plebiszite und Wahlrecht waren Elemente einer **Scheindemokratie**, da die Macht in den Händen Napoleons lag.

- Einfluss auf Europa: Neuordnung des Kontinents (Rheinbund, Ende des Heiligen Römischen Reiches Deutscher Nation).

- Ende Napoleons nach der Schlacht von Waterloo und Verbannung nach St. Helena (1815).

Ursachen

- Die Ursachen der russischen Revolutionen von 1905 und 1917 lagen in der politischen, gesellschaftlichen und wirtschaftlichen Rückständigkeit des Landes, deren Wurzeln bis weit ins 19. Jahrhundert zurückreichten.

- Autokratie
  - Herrschaft des Zaren ohne verfassungsmäßige Begrenzung,
  - polizeistaatliche Methoden,
  - starkes Demokratiedefizit gegenüber Westeuropa.

- **Landfrage** als Kernproblem der russischen Gesellschaft
  - Unzureichende Bauernbefreiung im Jahre 1861,
  - Bauern blieben an die Dorfkommune gebunden; keine Freiheit, in die Städte zu ziehen,
  - Ablösesummen waren zu hoch; diejenigen, die sich mit einem ablösefreien Bettelanteil zufriedengaben, drohten zu verarmen,
  - **Bevölkerungsexplosion** in der zweiten Hälfte des 19. Jahrhunderts verschärfte die Krise; **Verelendung** breiter Massen,
  - Russland besaß am Vorabend der Revolution eine noch feudalistische Gesellschaftsstruktur.

- Frühindustrielle Missstände
  - Forcierte Industrialisierung „von oben“ erzeugte soziales Elend in den Städten,
  - Entstehung einer organisierten, streikwilligen Arbeiterschaft in Großbetrieben.

- Fehlschläge zaristischer Expansionspolitik
  - Versuch, durch außenpolitische Erfolge von innenpolitischen Schwierigkeiten abzulenken, scheiterte,
  - Aufkommen einer revolutionären Stimmung nach dem verlorenen Russisch-Japanischen Krieg (1905) bzw. im Verlauf des Ersten Weltkriegs.

Revolution von 1905

- Hintergründe
  - Akuter Autoritätsverlust des Zaren durch verlorenen Russisch-Japanischen Krieg,
  - wirtschaftliche Rezession mit starkem Anstieg der Arbeitslosigkeit wegen des Ausbleibens staatlicher Aufträge.

- Anlass: **Petersburger Blutsonntag** (9. Januar 1905)
  - 140 000 Demonstranten forderten wirtschaftliche Verbesserungen (z. B. Achtstundentag), aber auch bürgerliche Freiheiten und ein Parlament,
  - keine revolutionäre Gesinnung der Protestierenden, die mit Zarenbildern vor das Winterpalais in St. Petersburg zogen,
  - Zar Nikolaus II. ließ in die unbewaffnete Menge schießen; brutales Vorgehen der Staatsmacht, das etwa 1000 Opfer kostete, löste landesweit Empörung aus.

- Streiks und Aufruhr
  - Wilde Enteignungen auf dem Land, Meutereien in der Flotte,
  - spontane Streiks einzelner Betriebe weiteten sich im Oktober 1905 zum Generalstreik aus,
  - aus Streikkomitees bildeten sich die ersten „Sowjets" (russ. = Räte), in denen die Arbeiter ihre wirtschaftlichen und politischen Interessen formulierten.

- Ergebnisse
  - **Oktobermanifest** des Zaren (1905) spaltete die Opposition und ließ die revolutionäre Stimmung verebben, da der Zar bürgerliche Freiheiten und eine gesetzgebende Versammlung (Duma) versprach.
  - **Scheinkonstitutionalismus**: Das Parlament blieb machtlos, da ihm zwei Drittel aller Staatsangelegenheiten entzogen waren. Die Machtfülle des Zaren war weiterhin fast uneingeschränkt; es gab keine Presse- und Versammlungsfreiheit.
  - Landfrage blieb trotz der Stolypinschen Reformen ungelöst.

Februarrevolution 1917

- Hintergründe
  - Drastische Verschlechterung der Versorgungslage im Winter 1916/17,
  - Hungerrevolten, Streiks und Demonstrationen zum Jahrestag der Revolution von 1905 zeigten zunehmende Radikalisierung der Massen.

- Ausbruch der Revolution
  - Verbrüderung einzelner Truppenverbände mit den Aufständischen,
  - Duma widersetzte sich dem Auflösungsbefehl des Zaren und ließ die zaristische Regierung verhaften,
  - **Abdankung des Zaren** (2. März 1917).

- Entstehung einer **Doppelherrschaft** einer von bürgerlichen Parteien getragenen Provisorischen Regierung und dem Petrograder Sowjet.

- Ziele der **Provisorischen Regierung**
  - Fortsetzung des Krieges,
  - bürgerlich-demokratische Freiheiten,
  - Einberufung einer konstituierenden Versammlung auf der Grundlage des allgemeinen Wahlrechts, die eine zukünftige Regierungsform und Verfassung entwerfen sollte.

- Ziele des **Petrograder Sowjets**
  - Befehl Nr. 1: Demokratisierung der Armee durch Bildung von Soldatenräten; Aufforderung, Regiment der Offiziere abzuschütteln,
  - Führungsanspruch des Petrograder Sowjets in politischen Angelegenheiten.

- Beurteilung
  - Fatale Verknüpfung des Schicksals der Provisorischen Regierung an die Weiterführung des Krieges,
  - Lösung der Landfrage vertagt, um der konstituierenden Versammlung nicht vorzugreifen.

Lenins Strategie

- Lenin hatte seine Strategie bereits 1902 in seiner Schrift **„Was tun?"** entwickelt.
  - Fehlen gesellschaftlicher Voraussetzungen in Russland, da feudalistische Strukturen auch Anfang des 20. Jahrhunderts noch deutlich dominierten,
  - nach der Theorie des historischen Materialismus von Karl Marx hätte es eigentlich einer kapitalistischen Gesellschaft bedurft, um eine proletarische Revolution hervorzurufen bzw. den Kommunismus zu etablieren,
  - Schlussfolgerung: Bildung einer konspirativen Kaderpartei aus **Berufsrevolutionären**, die den „Sprung" in den Sozialismus möglich machen sollte.

- Lenins **Aprilthesen** (1917)
  - Programmatische Erklärung unmittelbar nach seiner Rückkehr aus dem Exil:
  - keine Unterstützung der Provisorischen Regierung,
  - keine parlamentarische Republik,
  - „Alle Macht den Räten": Errichtung einer Sowjetrepublik aus Arbeiter- und Soldatenräten,
  - **Verstaatlichung des Bodens** und Verteilung des Landes,
  - keine Fortsetzung des Krieges, Verzicht auf Annexionen.

- Beurteilung
  - Politik der Provisorischen Regierung spielte Lenin in die Hände,
  - Aufgreifen populärer Forderungen (z. B. Landreform),
  - Stützung der Rätebewegung aus politischem Kalkül, um diese als Sprungbrett zur Macht zu missbrauchen. Anhänger Lenins (Bolschewiki) verfügten über keine Mehrheit in den Sowjets.

Oktoberrevolution 1917

- Lenin setzte gegen innerparteiliche Widerstände die Strategie des gewaltsamen Umsturzes durch.

- Die „große sozialistische Oktoberrevolution" – einer der Gründungsmythen der Sowjetunion – war in Wirklichkeit ein **Militärputsch** unter Führung Leo Trotzkis.
  - Bolschewistische Kader besetzten strategisch wichtige Punkte in Petrograd,
  - die Provisorische Regierung wurde verhaftet,
  - der Machtwechsel verlief gespenstisch ruhig ohne größere Widerstände, viele Bürger erfuhren erst am nächsten Morgen von den Ereignissen.

- Die von Sergej Eisenstein im Film nachgestellte Erstürmung des Winterpalais durch die Massen muss als politische Propaganda gewertet werden.

- „Umsturzdekrete"
  - Dekret über den **Frieden**: sofortige Aufnahme von Friedensgesprächen,
  - Dekret über Grund und Boden: **Enteignung** des Privatbesitzes und Übergabe an die Bodensowjets zur **Verteilung** des Landes.

- Ab Dezember 1917 **Verstaatlichung** des Bankwesens und der Industrie.

Machtkonsolidierung der Bolschewiki (1918–1924)

- Lenin als **Wegbereiter der Diktatur**
  - Weit verbreitetes Bild des „Revolutionshelden" Lenin, dessen Werk erst durch Stalins Diktatur korrumpiert wurde, muss korrigiert werden,
  - schon Lenin war im Umgang mit dem politischen Gegner rigoros,
  - seine Herrschaft enthielt bereits diktatorische Züge.

- Gründung der **Tsckeka** (Dezember 1917)
  - Terroristische Geheimpolizei, der nach Schätzungen Hunderttausende politischer Feinde zum Opfer fielen,
  - zentrales Hilfsmittel zur gewaltsamen Ausschaltung der politischen Opposition,
  - Tscheka verhalf den Bolschewiki, die bisher nur die Städte kontrollieren konnten, zur Herrschaft über das weite Land.

- Auflösung der verfassungsgebenden Versammlung (Januar 1918)
  - Schwere Niederlage bei den Wahlen zur Konstituante im November 1917; die Bolschewiki erhielten nur 25% der Stimmen.

- Ermordung der Zarenfamilie (Juli 1918)

- Roter Terror im Bürgerkrieg (1918–1920)

- Niederschlagung des **Kronstädter Aufstandes** (1921)
  - Forderung der Kronstädter Matrosen nach Rückbesinnung auf Rätebewegung und Demokratisierung; explizit wendeten sie sich gegen die diktatorischen Tendenzen der Bolschewiki,
  - Hinrichtung vieler Aufständischer, darunter auch vieler unschuldiger Kronstädter Bürger,
  - Fraktionsverbot: Lenin untersagte jegliche zukünftige Abweichung innerhalb der Partei.

Kriegskommunismus und NEP

- Die Bolschewiki übernahmen nach der Oktoberrevolution auch schwerwiegende Probleme der Jahre zuvor. Hunger und Lebensmittelknappheit waren durch den Weltkrieg verursacht worden und verfestigten sich durch den Russischen Bürgerkrieg.

- Ziele des **Kriegskommunismus** (1918–1921)
  - Zentrale Verwaltungswirtschaft (**Planwirtschaft**),
  - Verstaatlichung der Produktionsmittel und der Unternehmen,
  - Unterbindung des privaten Handels und Ersetzung durch staatliches Verteilungssystem,
  - Abschaffung des Geldes.

- Maßnahmen
  - Errichtung einer „**Versorgungsdiktatur**“,
  - Zwangsrequirierung von Getreide zur Versorgung der Städte und der Roten Armee,
  - Umsturzdekrete (Oktober 1917),
  - Gewalt und Terror zur Durchsetzung wirtschaftlicher Ziele.

- Folgen
  - Verheerende wirtschaftliche Konsequenzen aufgrund von fehlender theoretischer Grundlage, Widerständen gegen Zwangsmaßnahmen und Bürgerkrieg,
  - Bruttosozialprodukt betrug im Jahre 1920 nur noch 33 % des Vorkriegsniveaus.

- **Neue Ökonomische Politik** (NEP, 1921–1927)
  - Dezentralisierung und Liberalisierung in der Landwirtschaft, im Handel und in der Industrie nach Scheitern des Kriegskommunismus; Schlüsselindustrien blieben unter staatlicher Lenkungskontrolle,
  - Zugeständnis an Bauern, einen Teil ihrer Ernte selbst zu verkaufen,
  - Folgen: deutlicher wirtschaftlicher Aufschwung.

Gesellschaftlicher Umbau in den 20er und 30er Jahren

- Stalins wirtschaftliche „**Revolution von oben**" hat die gesellschaftliche Struktur Russlands weitaus stärker umgestaltet als Lenins Oktoberrevolution.

- **Zwangskollektivierung** der Landwirtschaft
  - In den 1930er Jahren wurden 93% aller landwirtschaftlichen Betriebe zu Kolchosen zusammengelegt.

- Forcierte Industrialisierung
  - Im Gegensatz zu Trotzki setzte Stalin auf die Durchsetzung des Sozialismus in einem Land.
  - Angesichts der internationalen Isolation war eine vom Weltmarkt unabhängige Industrie unbedingte Voraussetzung. Der Fokus lag auf der Schwerindustrie, die auch für die Rüstung notwendig war.

- Gesellschaftliche Veränderungen
  - (Physische) **Liquidierung** der Großbauern,
  - Schaffung einer modernen **Industriegesellschaft**.

Zusammensetzung der Bevölkerung 1913–1939 (in Prozent)

	1913	1924	1929	1939
Arbeiter	14,6	10,4	12,4	33,5
Angestellte	2,4	4,4	5,2	16,7
Kolchosbauern	-	1,3	2,9	47,2
Einzelbauern	66,7	75,4	74,9	2,6
Großbauern (Kulaken), Gutsbesitzer	16,3	8,5	4,6	–

Aus: H. Altrichter, H. Haumann (Hrsg.), Die Sowjetunion. Von der Oktoberrevolution bis zu Stalins Tod, Bd. 2, Wirtschaft und Gesellschaft, München 1987, S. 331.

Stalins Terror

- Aus politischem Kalkül und der panischen Angst, Opfer eines Komplotts zu werden, richtete Stalin den Terror vor allem auch gegen die politische und militärische Führung des Landes.

- Liquidierung politischer Weggefährten
  - Stalin ließ alle anderen Mitglieder des Leninschen Politbüros hinrichten,
  - Trotzki, Stalins schärfster Konkurrent, wurde 1940 im Exil in Mexiko ermordet.

- „Säuberungen" der Armee
  - Schauprozesse gegen die Führungsspitzen der Armee 1936–1938: Vorwurf, mit Trotzki im Bunde zu sein und Stalin stürzen zu wollen,
  - Zwang zur Ablegung öffentlicher Schuldeingeständnisse,
  - Hinrichtung von 90% aller Generäle, 80% aller Obersten und 50% aller Offiziere.

- Darüber hinaus kam es zu einem verbreiteten Terror gegen Partei und Gesellschaft.
  - 80% der Mitglieder des Zentralkomitees von 1934 wurden liquidiert,
  - Hinrichtung von etwa einer Million Parteimitgliedern,
  - Schätzungen zufolge starben zwischen 1936 und 1950 etwa 12 Millionen Menschen im Lagersystem des **GULAG**,
  - bei Stalins Tod gab es 15 Millionen Gefangene in den Straflagern.

- Durch Terror und Säuberungen errichtete Stalin eine **totalitäre Diktatur**, die durch folgende Merkmale gekennzeichnet war.
  - Einparteienstaat (endgültige Festlegung in der Verfassung von 1936),
  - terroristische Geheimpolizei,
  - Führerkult,
  - Propaganda mit Nachrichtenmonopol,
  - zentrale Verwaltungswirtschaft.

Forderung nach „Einigkeit und Recht und Freiheit“

- Die Entstehung der **nationalliberalen Bewegung** in Deutschland ist ohne die Französische Revolution und insbesondere Napoleon nicht zu verstehen.

- Revolutionäre Gedanken aus Frankreich
  - Spätabsolutistische Herrschaftsformen in Deutschland Ende des 18. Jahrhunderts,
  - Begeisterung für die demokratischen Ideale von Freiheit, Gleichheit und Brüderlichkeit insbesondere im Südwesten Deutschlands.

- Napoleons Vermächtnis
  - Durch **Mediatisierung** und **Säkularisierung** schuf Napoleon eine wesentliche Voraussetzung für eine deutsche Einheit. Aus über 300 Einzelstaaten machte er 39 größere Territorien.
  - Durch die Gründung des Rheinbundes und die Niederlegung der Kaiserwürde von Franz II. zerfiel 1806 die jahrtausendealte Klammer des „Heiligen Römischen Reiches Deutscher Nation“.
  - Durch den **Code Napoléon** wurden die Ideen der Französischen Revolution im gesamten französischen Herrschaftsgebiet verbreitet.

- **Befreiungskriege** gegen Napoleon (1813–1815)
  - Französische Besatzung, hohe Kontributionen und Verpflichtung zur Versorgung der französischen Truppen nach verheerenden Niederlagen Preußens bei Jena und Auerstedt (1806),
  - indirekte französische Herrschaft über weite Teile Deutschlands,
  - gemeinsame Anstrengung, Napoleons Herrschaft abzuschütteln, als Grundlage der deutschen Nationalbewegung,
  - Farben des Lützowschen Regiments (Schwarz-Rot-Gold) als spätere Nationalfarben.

- Bis 1871 war das Streben nach einem deutschen Nationalstaat („Einigkeit“) untrennbar mit der Forderung nach einem demokratischen Rechtsstaat („Recht und Freiheit“) verbunden.

Wiener Kongress 1815

- Nach der Niederlage und Abdankung Napoleons (1814) trafen sich Fürsten und Diplomaten unter Führung des österreichischen Außenministers Fürst von Metternich, um Europa neu zu ordnen.

- Grundprinzipien des Kongresses
  - **Restauration**: Wiederherstellung der vorrevolutionären bzw. vornapoleonischen Zustände,
  - **Legitimität**: Wiedereinsetzung der durch Gottesgnadentum legitimierten Dynastien und Herrscher,
  - **Solidarität**: gegenseitiger Schutz der Fürsten vor nationalen und revolutionären Bewegungen,
  - Schaffung eines **europäischen Gleichgewichts**, um zukünftige Kriege zu verhindern.

- Grenzen der Umsetzung im Hinblick auf Deutschland
  - Napoleons Mediatisierung und Säkularisierung wurde nicht zurückgenommen,
  - **Souveränität** der **Rheinbundstaaten** wurde anerkannt.

- **Deutscher Bund**
  - Es lag weder im Interesse der europäischen Großmächte noch der einzelnen deutschen Staaten, einen Einheitsstaat mit einer starken Zentralgewalt in der Mitte Europas zu erschaffen.
  - Die Kongressteilnehmer vereinbarten deshalb einen losen Fürstenbund ohne starke Exekutive. Die Einzelstaaten blieben souverän (**Staatenbund**).
  - Die nationalliberale Bewegung war enttäuscht. Sie hatten auf einen deutschen **Bundesstaat** gehofft.

Zwischen Restauration und Protest

- Der **Vormärz**, die Zeit zwischen dem Wiener Kongress und der Märzrevolution von 1848, war durch eine sich zuspitzende Auseinandersetzung zwischen der nationalliberalen Bewegung und dem restaurativen System Metternichs gekennzeichnet.

- Nationalliberale Bewegung
  - Träger der Bewegung waren die studentischen Burschenschaften.
  - **Wartburgfest** (1817): Verbrennung reaktionärer Schriften bei einem Treffen anlässlich des Jubiläums von Luthers Thesenanschlag.
  - **Hambacher Fest** (1832): Auf der größten Demonstration des 19. Jahrhunderts forderten bis zu 30 000 Teilnehmer mehr politische Freiheiten und schmiedeten Pläne für die nationale Einheit.
  - Erstürmung der **Frankfurter Hauptwache** durch 100 radikale Studenten (1833), die damit eine allgemeine Revolution auslösen wollten. Ihr Plan, die Kasse des Deutschen Bundes an sich zu reißen und den dort residierenden Gesandten des Bundes gefangen zu nehmen, scheiterte.

- Restaurative Tendenzen
  - **Karlsbader Beschlüsse** (1819): strenge Überwachung aller Professoren und Studenten; rigide Pressezensur,
  - **Verbot** des **„Jungen Deutschland"** (1835), d.h. der Veröffentlichung der politisch engagierten Schriften von Heinrich Heine und anderen,
  - **Entlassung** der **Göttinger Sieben** (1837): Protest von sieben Professoren (darunter die Brüder Grimm) gegen die Außerkraftsetzung der Verfassung durch den Hannoveraner Fürsten führte zu deren Demission.

- Folgen
  - Viele Anführer der nationalliberalen Bewegung mussten sich vor Gericht verantworten bzw. wurden inhaftiert, etliche flohen ins Exil,
  - wachsende politische Unzufriedenheit.

Märzrevolution 1848

- Ursachen
  - **Politischer Gegensatz** zwischen nationalliberaler Bewegung und restaurativen Fürsten im Vormärz,
  - soziale Missstände durch **Frühindustrialisierung**, z. B. Proletarisierung der Unterschicht, existenzielle Bedrohung ganzer Handwerkszweige.

- Anlass: Revolution in Frankreich, die nach ganz Europa ausstrahlte.

- Revolution auf dem Land
  - Bauern zwangen Grundherren zum Verzicht auf ihre Rechte (Feudalabgaben),
  - Ende des Feudalismus,
  - mit dem Erreichen ihrer Ziele scherten die Bauern bereits im April 1848 aus dem losen Bündnis der Revolutionäre aus.

- Revolution in Preußen, Österreich und den Mittelstaaten
  - Ausbruch von Unruhen in Wien, Entlassung Metternichs, Verzicht Kaiser Ferdinands I. auf den Thron zugunsten seines Neffen Franz Joseph.
  - Rasches Nachgeben der Fürsten in den Mittelstaaten führte zu liberalen „Märzkabinetten" mit bürgerlichen Demokraten und Verfassungsversprechen.
  - Barrikadenkämpfe in Berlin erzwangen Zugeständnisse des preußischen Königs, der eine verfassungsgebende Versammlung für Preußen versprach und die deutsche Einheit in Aussicht stellte.
  - Als gemeinsames Muster ließe sich festhalten, dass die Regierungen den **Konflikten auswichen**, indem sie den Märzforderungen sofort nachgaben.
  - Sie blieben dadurch an der Macht und konnten mit Hilfe des Militärs die **Gegenrevolution** organisieren.

- Weiter gehende soziale Revolutionsziele der Arbeiterschaft wurden von Bürgerlichen teils gewaltsam unterdrückt.

Frankfurter Paulskirche

- Bereits im März 1848 kamen ca. 600 Abgeordnete zu einem demokratisch nicht legitimierten **Vorparlament** in Frankfurt/Main zusammen, das sich die Vorbereitung einer **deutschen Einheit** zum Ziel gesetzt hatte.

- Am 18. Mai 1848 versammelte sich die Nationalversammlung, die auf der Grundlage eines allgemeinen Männerwahlrechts ab 25 Jahren gewählt worden war, in der Paulskirche.
  - Es waren vor allem Vertreter des **Bildungsbürgertums**, in der Regel Beamte und Juristen. Arbeiter waren nicht vertreten, Bauern, Handwerker, Unternehmer und Großgrundbesitzer waren unterrepräsentiert.
  - Das Parlament zerfiel rasch in unterschiedliche Gruppen, die nach den Frankfurter Gasthäusern und Cafés, in denen sie sich trafen und wo sie ihre Vorstellungen entwickelten, benannt wurden.
  - Diese Vorformen der Parteien waren kaum konsensfähig, so dass sich die Beratungen und Entscheidungsprozesse sehr lang hinzogen.

- Grundlegende Fragen und Entscheidungen
  - Klein- oder großdeutsche Lösung? Die Frage, ob das Staatsgebiet Gesamtösterreich, nur Deutsch-Österreich oder Österreich gar nicht umfassen sollte, war sehr umstritten. Mit 267 zu 263 Stimmen votierten die Abgeordneten schließlich für eine **kleindeutsche** Lösung ohne Österreich.
  - Monarchie oder Republik? Mehrheitlich waren die Abgeordneten gemäßigte Liberale, so dass die Frage der Staatsform im Grunde vorentschieden war. Sie stimmten für eine **konstitutionelle Monarchie**.
  - Erb- oder Wahlkaisertum? Mit der Entscheidung für die kleindeutsche Lösung lief die Kaiserwürde fast automatisch auf das preußische Königshaus zu, dem die Erbfolge garantiert werden sollte.
  - Einheitsstaat oder Bundesstaat? In dieser Frage wählten die Abgeordneten einen Kompromiss: Neben einer starken Zentralgewalt in der Exekutive sollte die Legislative aus zwei Kammern bestehen (**Staaten- und Volkshaus**).

Scheitern der Revolution

- Das Scheitern der Revolution von 1848/49 hatte viele Gründe, die miteinander verschränkt waren und sich gegenseitig negativ verstärkten.

- **Zersplitterung** der Kräfte
  - Fehlen eines revolutionären Zentrums: Durch die deutsche Kleinstaaterei musste die nationalliberale Bewegung die Revolution gegen verschiedene Herrscher ausfechten.
  - Rasche Auflösung des revolutionären Aktionsbündnisses: frühes Ausscheren der Bauern, nachdem ihre Ziele erreicht waren; Unterdrückung weiter gehender sozialer Forderungen der Arbeiterschaft.

- **Aufgabenfeld** der Paulskirche war zu groß
  - Im Gegensatz zur Französischen Revolution standen die deutschen Revolutionäre vor einer doppelten Aufgabenstellung: Schaffung eines Nationalstaates und Entwicklung der Demokratie.
  - Die Abarbeitung beider Felder in der Paulskirche kostete viel Zeit, die den Machthabern in die Hände spielte.
  - Spaltung der Abgeordneten in zentralen Fragen, u. a. auch in Bezug auf die Niederschlagung radikaler Aktionen durch reguläre Truppen.

- Ausbleiben einer radikalen Phase
  - Die **Fürsten** blieben nach ihrem schnellen Einlenken **an der Macht**,
  - das Militär blieb loyal, die Paulskirche verfügte über keine eigenen Truppen.

- Ablehnung der Kaiserkrone durch den preußischen König
  - Der Todesstoß der Revolution war die Weigerung Friedrich Wilhelms IV., die Kaiserkrone aus den Händen der Paulskirche anzunehmen. Dies passte nicht in seine Vorstellung eines Gottesgnadentums.
  - In der Folgezeit kam es zur Auflösung eines Rumpfparlaments in Stuttgart durch württembergische Truppen bzw. zur Niederschlagung letzter revolutionärer Widerstände (z.B. Festung Rastatt).

Bedeutung der Revolution

- Ungeachtet ihres vordergründigen Scheiterns war die Revolution von 1848/49 ein Meilenstein der deutschen Geschichte, da verschiedene Entwicklungen hier ihren Ausgang nahmen.

- Kleindeutsche Lösung
  - Die Entscheidung der Paulskirche für ein Deutschland ohne Österreich war richtungsweisend für die Zukunft,
  - der Vielvölkerstaat Österreich-Ungarn wurde sich selbst überlassen und auf den Balkan abgedrängt,
  - **Preußen** drückte damit Deutschland zwangsläufig seinen Stempel auf.

- Föderalistische Struktur
  - Die Einrichtung eines **Zweikammersystems** (Volks- und Staatenhaus) bildete die Vorlage für alle nachfolgenden Verfassungen,
  - auf diese Weise wird den historisch gewachsenen Interessen der Länder bis heute Rechnung getragen.

- Erstmalige Formulierung der **Grundrechte** in Deutschland.

- Entstehung einer politischen Öffentlichkeit, insbesondere Politisierung der Arbeiterschaft.

- Ausbildung eines immer noch gültigen Parteienspektrums in der Paulskirche: **Liberale**, **Konservative**, **Sozialisten**.

- Anfänge der **Frauenbewegung**
  - Frauen war 1848 noch das Wahlrecht und die Mitgliedschaft in der Nationalversammlung verwehrt,
  - Organisation in Frauenvereinen mit dem Ziel der Gleichberechtigung der Geschlechter,
  - berühmte Vertreterinnen: Louise Otto Peters, Kathinka Zitz, Amalie Struve, Louise Aston.

Reichsgründung 1871

- Die deutsche Einheit wurde gegen den Widerstand der europäischen Mächte in drei **Reichseinigungskriegen** auf dem Schlachtfeld ertrotzt.
  - Für den preußischen Ministerpräsidenten Otto von Bismarck war Krieg „die Fortsetzung der Politik mit anderen Mitteln".
  - Er prophezeite bereits 1862, dass die deutsche Einheit nur durch „Blut und Eisen" errungen werden könne.

- Deutsch-Dänischer Krieg (1864)
  - Preußen und Österreich besiegten in der Schlacht bei den Düppeler Schanzen Dänemark, das sich Schleswig hatte einverleiben wollen.

- Preußisch-Österreichischer Krieg (1866)
  - Ursachen: ungelöste Frage der Vormachtstellung in Deutschland (Dualismus zwischen Preußen und Österreich),
  - Konflikte in der gemeinsamen Verwaltung Schleswigs führten zur militärischen Konfrontation,
  - Niederlage Österreichs bei Königgrätz,
  - Ergebnis: endgültige Entscheidung für **preußische Hegemonie** in Kleindeutschland; Österreich wurde aus Deutschland hinausgedrängt,
  - Gründung des **Norddeutschen Bundes** als Vorform des Kaiserreichs.

- Deutsch-Französischer Krieg (1870/71)
  - **Emser Depesche**: Wilhelm I. telegrafierte Bismarck aus Bad Ems, der französische Botschafter bedränge ihn, auf die spanische Thronkandidatur des Hauses Hohenzollern zu verzichten,
  - Bismarck kürzte den Text, verschärfte ihn dadurch absichtlich im Ton und löste damit absichtlich einen nationalen Aufschrei aus,
  - Kriegserklärung des düpierten französischen Königs an Preußen, dem die übrigen deutschen Staaten im nationalen Taumel in den Krieg folgten.

- Gründung des Kaiserreichs im **Spiegelsaal von Versailles** (18. Januar 1871)

Verfassung

- In einer heute kaum mehr vorstellbaren Weise entwarf Bismarck die Verfassung für das Kaiserreich allein in Eigenregie.

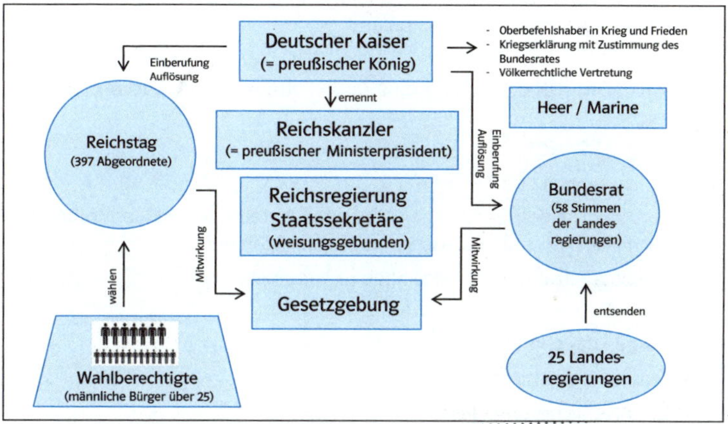

Die Verfassung des deutschen Kaiserreiches von 1871

- Die Verfassung wies trotz ihres Charakters als konstitutionelle Monarchie und ihrer föderativen Struktur (Zweikammersystem) gravierende demokratische Defizite auf.
  - **Übermacht** der **Exekutive** (Kaiser, Kanzler), die den Reichstag einberief und entließ; insgesamt wenig Rechte der Volksvertretung,
  - der vom Kaiser eingesetzte Kanzler unterlag keinerlei Kontrolle durch das Parlament,
  - Dominanz einzelstaatlicher Interessen: Reich als Fürstenbund; Bundesrat konnte mit Zustimmung des Kaisers den Reichstag auflösen,
  - Grundrechte fehlten.

- Preußische Dominanz
  - Preußischer König war gleichzeitig deutscher Kaiser; der preußische Ministerpräsident (= Bismarck) war in Personalunion deutscher Reichskanzler,
  - **Preußen** verfügte über eine **Sperrminorität** im Bundesrat, so dass gegen die 17 preußischen Stimmen nichts entschieden werden konnte.

Sozialistengesetz und Sozialgesetzgebung

- Bismarck erkannte durchaus die Probleme der Arbeiterschaft, sah aber deren politische Vertretung, die Sozialdemokratie, aufgrund ihrer internationalen und sozialistischen Ausrichtung („Proletarier aller Länder vereinigt euch“) als Staatsfeinde an.

- Er entschied sich deshalb für eine Doppelstrategie von **„Zuckerbrot und Peitsche“**.

- Sozialistengesetz (1878–1890)
  - Verbot sozialdemokratischer Zeitungen, Vereine und Versammlungen nach zwei Attentatsversuchen auf Kaiser Wilhelm I.,
  - Reichstagsfraktion der SPD blieb unangetastet.

- Sozialgesetzgebung
  - Krankenversicherung (1883),
  - Unfallversicherung (1884),
  - Alters- und Invaliditätsversicherung (1889).

- Beurteilung
  - Die Sozialgesetze zielten primär darauf, der SPD das Wasser abzugraben.
  - Die Leistungen waren viel zu gering; in den Genuss der Rente kamen Arbeiter erst mit 70 Jahren, ein Alter, das die wenigsten erreichten.
  - Dennoch war die Einführung einer Sozialgesetzgebung für Europa vorbildlich und bildet die **Grundlage** unseres **heutigen Sozialstaates**.
  - Bismarcks **Ziel**, die Arbeiterschaft von der Sozialdemokratie zu entfremden, **schlug fehl.** Im Gegenteil, es kam unbeabsichtigt zu einer größeren Solidarisierung in der Arbeiterbewegung.
  - Die SPD verdreifachte ihre Mitgliederzahl zwischen 1878 und 1890. Im Jahre 1912 wurde sie stärkste Partei im Reichstag.

Kulturkampf

- Auseinandersetzung im grundlegenden **Konflikt** zwischen dem modernen **Nationalstaat** und der dogmatisch fixierten, hierarchischen **katholischen Kirche.**

- Hintergründe
  - Das deutsche Kaiserreich war mehrheitlich protestantisch,
  - Unfehlbarkeitsdogma des Papstes (1870),
  - Gründung der katholischen Zentrumspartei,
  - Bismarck als Verfechter einer strikten Trennung von Kirche und Staat.

- Maßnahmen (1871–1876)
  - Staatliche **Schulaufsicht**,
  - „Kanzelparagraph": Verbot der Einmischung in weltliche Angelegenheiten von der Kanzel,
  - Jesuiten- und Klostergesetze: Verbot der Jesuiten und anderer Orden,
  - verpflichtende **Zivilehe**, d.h. Trauung auf dem Standesamt,
  - Verhaftung bzw. Ausweisung aller katholischen Bischöfe aus Preußen,
  - Sperrung aller staatlichen Zuschüsse für die katholische Kirche.

- Wirkung
  - Solidarisierung aller Katholiken im Reich,
  - Wahlgewinne des **Zentrums**,
  - Fehlschlag Bismarcks, der 1876 den Kulturkampf abbrach,
  - staatliche Schulaufsicht und Zivilehe als bleibende Errungenschaften der Auseinandersetzung.

Politische Kultur im Obrigkeitsstaat

- **Militarismus**
  - Herausragende Bedeutung des Militärs seit ihrer tragenden Rolle in den Reichseinigungskriegen,
  - verfassungsmäßige Sonderstellung ohne parlamentarische Kontrolle,
  - Omnipräsenz des Militärischen, z. B. „Sedan-Feiern", Paraden, Denkmale, Mode (Marineuniformen),
  - gesellschaftliches Ideal des Reserveoffiziers.

- **Gehorsam** und Disziplin als Grundtugenden gegenüber der Obrigkeit
  - „Militärischer Drill" in der Schule,
  - Kasernenhof als „Schule der Nation".

- Konservatives Fundament
  - Seit der zweiten, „inneren Reichsgründung" (1878) stützte sich der Kanzler nicht mehr auf die Nationalliberalen, sondern auf die konservativen Eliten von ostelbischen Großgrundbesitzern und rheinischen Industriellen,
  - staatstragende Beamte mussten sich einer strengen **Gesinnungskontrolle** unterziehen; Liberale, Katholiken und Sozialdemokraten waren von Führungspositionen ausgeschlossen,
  - die rückständige politische Verfasstheit des Kaiserreichs und ihrer Träger stand in einem merkwürdigen Kontrast zur wirtschaftlichen Modernität.

- Negative Integration
  - Schaffung eines Zusammengehörigkeitsgefühls durch Ausgrenzung von Minderheiten (Sozialdemokraten, Katholiken, Welfen, Elsässer),
  - verbreiteter Antisemitismus.

Beurteilung Bismarcks

- In der öffentlichen Meinung gilt Bismarck nach wie vor als einer der größten deutschen Politiker.

- Diese Meinung beruht auf
  - seinem entscheidenden Anteil am Gelingen der deutschen **Einheit**,
  - seiner umsichtigen, **defensiven Außenpolitik**.

- Innenpolitisch stellen ihm Historiker dagegen ein vernichtendes Zeugnis aus. Dabei verweisen sie auf
  - seine **antidemokratische Grundhaltung**,
  - seinen Umgang mit politischen Gegnern (z.B. Kulturkampf, Sozialistengesetz),
  - seine Ausgrenzung von Minderheiten.

- Vorbereitung Hitlers?
  - Vielfach wird darauf hingewiesen, dass Bismarck das politische Klima nachhaltig vergiftet habe,
  - der Bismarck'sche Obrigkeitsstaat habe Hitlers Diktatur überhaupt erst möglich gemacht.

Außenpolitik Bismarcks

- Zu den herausragenden Leistungen Bismarcks zählt die zurückhaltende, defensiv ausgerichtete Außenpolitik bis 1890.

- Ziele
  - **Isolierung Frankreichs** nach der Demütigung im Deutsch-Französischen Krieg und der Annexion von Elsass-Lothringen,
  - Beteiligung des Deutschen Reiches an zentralen europäischen Bündnissen,
  - Beruhigung der europäischen Nachbarn, nachdem im Zentrum Europas das deutsche Kaiserreich als Großmacht entstanden war (**Saturiertheit** des Reiches).

- Auswirkungen auf die Politik Bismarcks
  - (Weitgehender) Verzicht auf Kolonien,
  - auf dem Berliner Kongress (1878) präsentierte sich Deutschland als **„ehrlicher Makler"**, um zwischen Russland, Großbritannien und Österreich-Ungarn zu vermitteln.

- Verträge
  - **Drei-Kaiserbündnis** 1873/81 (Deutschland, Russland, Österreich-Ungarn),
  - **Zweibund** 1879 (Deutschland, Österreich),
  - **Dreibund** 1882 (Deutschland, Österreich und Italien),
  - durch das **Mittelmeerabkommen** zwischen England, Italien und Österreich-Ungarn war Großbritannien auch mit Deutschland verbunden,
  - **Rückversicherungsvertrag** 1887 (Deutschland, Russland).

Selbst verschuldete Zweifrontenbedrohung unter Wilhelm II.

- Nach der Entlassung Bismarcks (1890) kam es unter Kaiser Wilhelms „persönlichem Regiment" zu einer Kehrtwende mit dramatischen Folgen.
  - Nicht-Erneuerung des Rückversicherungsvertrages trieb Russland in die Arme Frankreichs.
  - Koloniale Konflikte mit England und der Aufbau einer deutschen „Risikoflotte" führten dazu, dass Großbritannien seine Strategie der „splendid isolation" aufgab. So entstand die **Entente Cordiale** zwischen England und Frankreich.
  - Deutsche **Weltmachtpolitik**: Forderung nach „einem Platz an der Sonne",
  - **widersprüchliches, wankelmütiges** und **aggressives** Verhalten des Kaisers (z. B. „Panthersprung nach Agadir") machten das Deutsche Reich zu einem unkalkulierbaren Risikofaktor.

Der Lotse geht von Bord (März 1890)

- Situation am Vorabend des Ersten Weltkriegs
  - Rivalisierende Bündnissysteme in Europa: Zweibund (Deutschland, Österreich-Ungarn) versus Triple-Entente (England, Frankreich, Russland),
  - Deutschland war einer gefährlichen **Zweifrontenbedrohung** ausgesetzt,
  - verbreitete Meinung in der deutschen Führung, dass ein Weltkrieg unvermeidbar sei; je eher, desto besser, da die gegnerischen Mächte stärker rüsteten.

Krisenherd Balkan

- Neben imperialistischen Spannungen in Afrika bzw. im Orient war vor allem der Balkan ein Gebiet, in dem die Interessen der europäischen Großmächte aufeinandertrafen.

- **Expansionspolitik** Österreichs
  - Machtvakuum durch den Verfall des Osmanischen Reiches,
  - österreichische Annexion von Bosnien und der Herzegowina, die unter türkischer Oberhoheit standen (1908),
  - Gründung Albaniens mit österreichischer Hilfe schnitt Serbien vom Meer ab.

- Serbisches **Großmachtstreben**
  - Versuch Serbiens, alle Slawen (einschließlich derjenigen in Österreich-Ungarn) in einem großserbischen Reich zu vereinigen (Panslavismus),
  - Verdopplung des serbischen Territoriums im Zweiten Balkankrieg (1913).

- Russische Meerengen-Politik
  - Der Balkan gehörte zur traditionellen Interessensphäre Russlands, um Zugang zum Bosporus bzw. den Dardanellen zu bekommen. Russland hätte einen eisfreien Hafen erhalten.
  - Eine Schwächung Österreich-Ungarns lag im Interesse dieses strategischen Ziels.
  - Die Serben galten als Stellvertreter der Russen auf dem Balkan. Der serbische Nationalismus wurde von St. Petersburg bedingungslos unterstützt.

- Der Balkan galt allgemein als unkontrollierbares **Pulverfass**. Das Attentat auf den österreichischen Thronfolger im bosnischen Sarajewo (Juni 1914) führte zum Ausbruch des Ersten Weltkriegs.

Julikrise 1914

- Die Julikrise umfasst den entscheidenden Monat vom Attentat auf den österreichischen Thronfolger Franz Ferdinand am 28. Juni 1914 bis zum Kriegsausbruch am 1. August 1914.

- Österreichs Zögern
  - Der Attentäter Gavrilo Princip im bosnischen Sarajewo war Mitglied der serbischen Untergrundorganisation „Schwarze Hand". Eine Verbindung zur Regierung Serbiens war nicht gegeben.
  - Ein Militärschlag gegen Serbien musste mit hoher Wahrscheinlichkeit zu einem Eingreifen Russlands führen.

- Deutscher **Blankoscheck** (5. Juli 1914)
  - Zusicherung einer uneingeschränkten Bündnistreue Deutschlands auch für den Angriffsfall, der durch die vertraglichen Bestimmungen des Zweibundes nicht gedeckt war.
  - Deutsches Verhalten **heizte die Krise an**, da sich Österreich zu einem aggressiveren Kurs ermutigt fühlte.
  - Deutsches Kalkül: Hoffnung auf einen begrenzten Krieg gegen Serbien, da Russland als nicht kriegsbereit eingeschätzt wurde; ein europäischer Krieg wurde aber bewusst in Kauf genommen.

- Ultimaten, Drohgebärden und Kriegserklärungen
  - Österreich stellte am 23. Juli 1914 ein unannehmbares Ultimatum an Serbien, welches jedoch überraschenderweise am 27. Juli 1914 akzeptiert wurde.
  - Kriegserklärung Österreichs an Serbien (28. Juli 1914),
  - russische Mobilmachung gegen Österreich (30. Juli 1914),
  - deutsches Ultimatum an Russland, die Mobilmachung zurückzunehmen (31. Juli 1914), versuchte die Kriegsschuld auf den Zaren abzuwälzen,
  - deutsche Kriegserklärung an Russland (1. August 1914) und Frankreich (3. August 1914); Großbritannien erklärte Deutschland am 4. August 1914 den Krieg.

Verlauf und Charakter des Krieges

- Anfängliche **Kriegsbegeisterung** aufgrund drastischer Fehleinschätzungen
  - Glaube an die gerechte Sache („Verteidigung des Vaterlandes"),
  - Erwartung eines Krieges von wenigen Wochen oder Monaten,
  - Ideal eines heldenhaften Todes im Kampf Mann gegen Mann wurde durch die Materialschlachten des 1. Weltkriegs ad absurdum geführt.

- Deutscher Einmarsch ins neutrale Belgien
  - Um dem Zweifrontenkrieg zu entgehen, warf das Deutsche Reich seine Hauptstreitmacht zunächst nach Westen, um Frankreich in einer raschen Umfassungsschlacht niederzuringen (Schlieffenplan). Die russische Mobilmachung würde noch Wochen dauern, glaubte man.
  - Angesichts der gut befestigten Maginot-Linie in den Vogesen musste der deutsche Vorstoß durch das neutrale Belgien erfolgen.

- **Stellungskrieg**
  - Nach anfänglichen Erfolgen mündete die Vorwärtsbewegung in einen dauerhaften Stellungskrieg in Flandern und Nordfrankreich (z. B. Verdun), seit 1915 auch im Osten.
  - Die Kriegsparteien richteten sich in Schützengräben und unterirdischen Bunkern ein.

- Erster totaler Krieg globalen Ausmaßes
  - Entscheidend war nicht mehr (allein) die Truppenstärke, sondern vor allem das wirtschaftliche Potenzial der nationalen Volkswirtschaften für die großen Materialschlachten,
  - Einsatz neuer Waffen, gegen die der einzelne Soldat weitgehend wehrlos war (Artillerie, Giftgas, Panzer, Flugzeuge),
  - 1918 waren 75% der Weltbevölkerung im Kriegszustand. Entscheidend war der Kriegseintritt der USA im Jahre 1917.

- Kriegsende durch den Frieden von Brest-Litowsk (im Osten) und die Kapitulation Deutschlands (11. November 1918) an der Westfront.

Heimatfront

- Der Krieg hatte bedeutende innenpolitische und wirtschaftliche Auswirkungen.

- Haltung der Sozialdemokratie
  - „**Burgfrieden**“: Im Zusammenhang mit der nationalen Kriegsbegeisterung zu Kriegsbeginn („Augusterlebnis“) beendete die SPD ihren jahrzehntelangen Obstruktionskurs gegenüber dem Kaiserreich.
  - Die Frage der **Kriegskredite** spaltete die politische Arbeiterbewegung. Während die MSPD (Mehrheitsfraktion der SPD) Gelder bewilligte, verweigerte die USPD (Unabhängige SPD) ihren Gehorsam.
  - Die Unabhängige SPD formulierte in der Novemberrevolution 1918 zusammen mit den Spartakisten den Gegenentwurf einer sozialistischen Räterepublik.

- Wirtschaft
  - Die Notwendigkeit der Ausrichtung der Wirtschaft auf den Krieg führte zu drastischen Einschränkungen (z. B. **zentrale Lenkung** zur Koordinierung der knappen Rohstoffe, Dienstverpflichtungen aller Männer an der Heimatfront).
  - Die ungünstige Umklammerung im Zweifrontenkrieg und die englische Seeblockade führten seit 1915 dazu, dass Lebensmittel rationiert wurden.
  - Die folgenschwere Entscheidung der Reichsführung, den Krieg über Kredite zu finanzieren, legte den Grundstein für eine massive Geldentwertung, die in der Hyperinflation von 1923 gipfelte.

- **Desillusionierung** und politische Unzufriedenheit
  - Feldpostbriefe und heimkehrende Soldaten schilderten Schrecken und Sinnlosigkeit des Stellungskrieges.
  - Die anfängliche Kriegsbegeisterung wich bald einer tief greifenden Desillusionierung. Spätestens mit dem „Steckrübenwinter“ 1916/17 wuchs ein Nährboden für die Revolution von 1918.

Wer trägt die Schuld am Ersten Weltkrieg?

- Unter dem Eindruck revanchistischer Gedanken formulierten die Zeitgenossen die Kriegsschuldfrage im **Versailler Vertrag** eindeutig. Artikel 231 sprach Deutschland die alleinige Kriegsschuld zu.

- Unter Historikern ist die Frage bis heute umstritten. Insgesamt lassen sich drei Meinungen unterscheiden.

- **Präventivkriegsthese**
  - Tiefsitzende Überzeugung in der deutschen Führung, dass ein Krieg mit Frankreich und Russland unvermeidbar sei (z. B. deutscher Kriegsrat 1911).
  - Da die Entente-Mächte schneller aufrüsteten als Deutschland, war die gängige Auffassung, dass ein früher Zeitpunkt für das Kaiserreich günstiger wäre.
  - Julikrise 1914 (Blankoscheck) als bewusster Versuch einer Entfesselung des Krieges, um die Klammer um Deutschland zu sprengen.

- Fritz Fischer: „**Griff nach der Weltmacht**" (1961)
  - Tiefer liegende Gründe des deutschen Aggressionsverhaltens,
  - Kontinuität einer Politik von 1914 bis 1945, in der Deutschland nicht nur begrenzt strategische Ziele verfolgt habe, sondern einen Weltmachtstatus erzwingen wollte,
  - Beleg für diese weit reichende These ist das **Septemberprogramm** von 1914, in dem auf dem Hintergrund der ersten Kriegserfolge eine deutsche Hegemonie über Europa als Kriegsziel formuliert wurde.

- Christopher Clark: Die **Schlafwandler** (2014)
  - Niemand habe den großen Krieg gewollt, die europäischen Mächte seien durch Druck der öffentlichen Meinungen, einflussreiche Kreise in den jeweiligen Regierungen und drastische Fehleinschätzungen wie „Schlafwandler" in den Weltkrieg getaumelt.
  - Während die ersten beiden Thesen Deutschland die Verantwortung für den Krieg zuschieben, verteilt sich nach Clark die Schuld.

Versailler Vertrag

- **Kriegsschuld**: alleinige Kriegsschuld Deutschlands (Artikel 231)
- **Reparationsleistungen** in unbestimmter Höhe
- Gebietsabtretungen
  - Elsass-Lothringen an Frankreich,
  - Posen, Westpreußen, Teile Ostpreußens und Hinterpommerns an Polen,
  - sämtliche Kolonien,
  - Danzig als freie Stadt unter der Kontrolle des Völkerbundes.
- Abrüstung
  - Beschränkung des Heeres auf 100 000 Mann,
  - Verbot schwerer Waffen, Panzer, Flugzeuge, U-Boote,
  - Vernichtung der Flotte.
- Weitere Bestimmungen
  - Verbot der Vereinigung mit Österreich,
  - Entmilitarisierung des Rheinlandes.
- Beurteilung
  - Bei den Verhandlungen wurde vor allem den revanchistischen Wünschen Frankreichs Rechnung getragen, das auf eine dauerhafte Schwächung Deutschlands abzielte.
  - Alle deutschen Politiker lehnten den Vertrag als „Diktatfrieden" ab.
  - Die Vertragsbestimmungen waren hart, aber es gab angesichts des Drucks der nationalen Öffentlichkeiten wenig Handlungsspielräume.
  - Immerhin wurde die Substanz des Deutschen Reiches nicht weiter angegriffen, so dass sich Deutschland innerhalb von 15 Jahren relativ schnell wieder erholen konnte. Insofern hatte der Vertrag durchaus **Kompromisscharakter**.

Novemberrevolution 1918

- Ursachen
  - Kriegsmüdigkeit an der Heimatfront und im Feld,
  - immer deutlicher werdende Niederlage des Kaiserreiches.

- Anlass: Sinnloser Befehl zum Auslaufen der Hochseeflotte führte zum Kieler Matrosenaufstand, der sich rasch zur Revolution ausweitete.

- Ende der Monarchie (9. November)
  - Prinz Max von Baden gab eigenmächtig die Abdankung von Kaiser Wilhelm II. bekannt,
  - er übergab das Reichskanzleramt an Friedrich Ebert, den Anführer der SPD,
  - beide Schritte waren verfassungswidrig.

- **Doppelte Ausrufung** der Republik (9. November 1918) mit gegensätzlichen Zielen

- Konzeption der SPD (Scheidemann/Ebert)
  - Wahl einer verfassungsgebenden Versammlung zur Bildung einer parlamentarischen Republik auf der Grundlage eines allgemeinen Männer- und Frauenwahlrechts,
  - Schutz des Eigentums in einer kapitalistischen Wirtschaftsordnung.

- Konzeption der Spartakisten/USPD (Liebknecht, Luxemburg)
  - Aufbau einer Räterepublik (nach sowjetischem Vorbild),
  - Umgestaltung zu einer sozialistischen Gesellschafts- und Wirtschaftsordnung.

- In der etwa achtwöchigen „**Doppelherrschaft**" von Reichsregierung und Räten war die SPD stets dominant, da sie auch in der Rätebewegung die Mehrheit der Deputierten besaß. Mit Hilfe des Heeres (Ebert-Groener-Pakt) wurde die Rätebewegung gewaltsam niedergeschlagen.

Dolchstoßlegende

- Nachdem die militärischen Aufmärsche im Stellungskrieg erstarrt waren, verlief die Front Ende des Ersten Weltkriegs immer noch im benachbarten Ausland (Frankreich, Belgien, Sowjetunion). Für die deutsche **Bevölkerung** war die **militärische Niederlage nicht erkennbar**.

- Die Oberste Heeresleitung (OHL) verschleierte die wahren Gegebenheiten und schob die politische Verantwortung der SPD zu, die als Regierungspartei den Versailler Vertrag zu unterschreiben hatte. Sie behauptete,
  - die „Novemberverbrecher", d.h. diejenigen, die im November 1918 an die Macht kamen, seien den unbesiegten Soldaten in den Rücken gefallen,
  - ohne die Revolution sei der Krieg noch zu gewinnen gewesen.

- Allgemein bekannt wurde die Dolchstoßlegende durch eine Aussage des Generalfeldmarschalls Hindenburg, dem späteren Reichspräsidenten, vor einem parlamentarischen Untersuchungsausschuss (1919).

- Durch **Propaganda** im Rahmen der gesellschaftspolitischen Zuspitzung in der Weimarer Republik wurde die Dolchstoßlegende weit verbreitet und **schadete** der **Sozialdemokratie**.

Verfassung

- Zwischen Tradition und Neubeginn
  - Die Weimarer Verfassung setzte die föderative Ausrichtung der Vorgänger von 1848/49 und 1871 fort, indem sie die Legislative in zwei Kammern (Reichstag und Reichsrat) unterteilte.
  - Sie gab dem Reichspräsidenten die Machtfülle eines „**Ersatzkaisers**", um den Übergang zwischen Kaiserreich und Weimarer Republik abzufedern.
  - Modern und für Europa wegweisend war das allgemeine Männer- und **Frauenwahlrecht**.

- Gemeinhin werden die Schwächen der Verfassung betont, da hierin ein Grund für den Untergang der Republik zu sehen ist. Bis Ende der 20er Jahre waren diese Schwachstellen nicht zwingend offensichtlich, erst Anfang der 30er Jahre wurden sie von Gegnern der Republik ausgenutzt.

- Allmacht des Reichspräsidenten
  - **Notverordnungen (Art. 48)**: Möglichkeit des Präsidenten, für 60 Tage Grundrechte außer Kraft zu setzen,
  - Recht, den Reichstag aufzulösen (Art. 25),
  - Oberbefehl über das Heer,
  - Kanzler nur vom Reichspräsidenten abhängig, nicht an Zustimmung einer Parlamentsmehrheit gebunden.

- Wahlrecht
  - Reines **Verhältniswahlrecht** ohne 5%-Klausel führte zur Zersplitterung der politischen Kräfte; Koalitionsregierungen mit Schwierigkeiten, einen gemeinsamen Kurs zu finden,
  - Parteien mussten nicht der Demokratie verpflichtet sein, sondern konnten auch gegen die Republik arbeiten.

- **Grundrechte** nicht vorstaatlich (wie im Grundgesetz), sondern **einschränkbar**.

Erblasten aus dem Kaiserreich

- Aus Furcht vor kommunistischen Umsturzplänen suchte die SPD-geführte **Koalition** einen **Kompromiss mit den alten Eliten** des Kaiserreiches. Die Kontinuität der Führungskräfte und ihrer Mentalitäten entwickelte sich zu einer schweren Hypothek für die Republik.

- **Ebert-Groener-Pakt**: Trotz republikfeindlicher Tendenzen der OHL verbündete sich Ebert mit dem Weltkriegs-General Groener, um die spartakistische Rätebewegung gewaltsam zu unterdrücken.

- **Zentralarbeitsabkommen**: Aus Angst vor einer Nationalisierung der Wirtschaft erkannten die Unternehmer die Gewerkschaften als Tarifpartner an; gemeinsam vereinbarten sie den Achtstundentag.

- **Justiz** war „auf dem rechten Auge blind".
  - Aus Mangel an personellen Alternativen wurden Polizisten und Richter des Kaiserreiches übernommen.
  - Insbesondere in politischen Prozessen zeigte sich die nationalkonservative Gesinnung.
  - Bestes Beispiel ist der Prozess gegen Hitler. Trotz Hochverrats wurde er nach neun Monaten Haft entlassen.

Politische Morde 1918–1922 begangen von	Linksstehenden	Rechtsstehenden
Gesamtzahl der Morde	22	354
Davon ungesühnt	4	326
Gesühnt	17	1
Verurteilungen	38	24
Geständige Täter freigesprochen	–	23
Dauer der Haft je Mord	15 Jahre	4 Monate
Zahl der Hinrichtungen	10	–

Zusammengefasst nach: H. Pross (Hrsg.). Die Zerstörung der deutschen Politik. Dokumente 1871-1933, Frankfurt a. M. 1983, S. 145f.

Krisenjahr 1923

- Im Krisenjahr 1923 kulminierten die schwierigen Anfangsjahre der Republik.
  - Heftige innenpolitische Auseinandersetzungen, z.B. wegen des Versailler Vertrages,
  - Staatsverschuldung und schwelende Inflation,
  - Putschversuche von links und rechts (z.B. Kapp-Putsch 1920).

- **Hyperinflation**
  - Rückstand mit Reparationsleistungen führte zur französischen Besetzung des Ruhrgebietes,
  - Finanzierung des Generalstreiks gegen französisches Vorgehen durch Notenpresse,
  - täglicher Wertverfall der Reichsmark,
  - Überwindung der Krise durch Währungsreform (Rentenmark).

- **Hitlerputsch** (9. November)
  - Bekanntmachung der Putschisten im Münchener Bürgerbräu-Keller, die Reichsregierung sei abgesetzt,
  - geplanter „Marsch auf Berlin“ wurde bereits nach wenigen Kilometern an der Feldherrnhalle gestoppt,
  - Prozess wegen Hochverrats gegen Hitler.

- Separatistenbewegung im Rheinland
  - Abspaltungsversuch mit französischer Unterstützung scheiterte.

- „Deutscher Oktober“ im Osten
  - Kommunistische Umsturzversuche in Thüringen und Sachsen,
  - „Reichsexekution“ durch Truppen der Reichswehr mit Niederschlagung der Aufstände.

- Die Republik wurde in ihren Grundfesten erschüttert, doch sie überlebte.

Die „Goldenen Zwanziger"

- In der zweiten Hälfte der 20er Jahre (1924–1929) erlebte Deutschland eine **wirtschaftliche** und **kulturelle Blüte**, die auch mit einer weitgehenden – wenn auch brüchigen – politischen Stabilität einherging.

- Wirtschaft
  - Hochkonjunktur, insbesondere ab 1926,
  - aber Aufschwung trägt sich nicht selbst,
  - fragile Grundlage: US-Kredite, deren Rückforderung 1929 zum Zusammenbruch führte.

- Gesellschaftliche Veränderungen
  - Emanzipation der Frau,
  - neues öffentliches Erscheinungsbild von Frauen (Bubikopf, Rauchen),
  - Freikörperkultur.

- Moderne Kunst
  - Neue Sachlichkeit (z.B. Otto Dix),
  - Film als neues Massenmedium; sprunghafte Verbreitung von Kinos,
  - Literaturnobelpreis für Thomas Mann,
  - Jazz-Musik,
  - Berlin als kulturelles Zentrum Europas.

- Relative politische Stabilität
  - Internationale Anerkennung (z.B. Friedensnobelpreis für Stresemann),
  - Links- und rechtsextreme Parteien in den Reichstagswahlen 1924 (Dezember) und 1928 ohne entscheidende Bedeutung; Stimmenzuwachs der SPD,
  - aber: Regierungen ohne klare bzw. sichere Mehrheiten; schwierige Koalitionsregierungen,
  - Wahl des antidemokratischen **Hindenburg** zum **Reichspräsidenten** (1925) verschob die politischen Gewichte in der Republik.

Außenpolitik

- Zielsetzung der deutschen Außenpolitik
  - Revision des Versailler Vertrages,
  - insbesondere Lösung der Reparationsfrage,
  - Überwindung der außenpolitischen Isolation.

- Reparationen
  - Durchsetzung der Maximalforderungen Frankreichs in Versailles (1919): Deutschland musste Reparationen in zunächst unbestimmter Höhe zahlen,
  - **Dawes-Plan** (1924): Koppelung der Reparationen an die deutsche Wirtschaftskraft; US-Kredit von 800 Millionen Goldmark als Wiederaufbauhilfe, um Voraussetzungen für Reparationsleistungen zu schaffen,
  - **Young-Plan** (1929): endgültige Festlegung der Zahlungen (112 Milliarden Reichsmark, zahlbar in 59 Jahresraten bis 1988),
  - **Hoover-Moratorium** (1932): einjährige Unterbrechung der Zahlungen wegen der Weltwirtschaftskrise,
  - 1934 wurden die Reparationen endgültig eingestellt.

- Deutschland wurde wieder ein gleichberechtigter Partner.
  - **Rapallo-Vertrag** mit Russland (1922): Überwindung der außenpolitischen Isolation; Wiederaufnahme der diplomatischen Beziehungen, Verzicht auf Reparationsforderungen,
  - Aufnahme Deutschlands als gleichberechtigtes Mitglied in den **Völkerbund** (1926),
  - **Verträge von Locarno** (1926): Anerkennung des territorialen Status quo im Westen, d.h. der durch den Versailler Vertrag fixierten Westgrenze Deutschlands; keine Garantie der Ostgrenzen,
  - der deutsche Außenminister Stresemann erhielt zusammen mit seinem französischen Amtskollegen Briand für die deutsch-französische Aussöhnung den Friedensnobelpreis (1926).

- Beurteilung: Außenpolitik der Weimarer Republik war sehr erfolgreich.

Auswirkungen der Weltwirtschaftskrise

- Der **Crash** an der New Yorker Börse am 24. Oktober 1929 hatte dramatische gesellschaftliche und politische Folgen für die Weimarer Republik.

- Wirtschaft und Gesellschaft
  - Sofortige Rückforderung der US-Kredite,
  - Liquiditätskrise und Zusammenbruch deutscher Banken,
  - Konkurs deutscher Firmen,
  - ca. 6 Millionen **Arbeitslose** (mit Familien etwa ein Drittel der Bevölkerung betroffen).

- Politische Konsequenzen
  - **Auseinanderbrechen** der letzten **Weimarer Koalition** (1930) an der Frage, ob man die Arbeitslosenbeiträge erhöhen sollte,
  - Übergang zur **Präsidialdiktatur** auf der Grundlage von Notverordnungen,
  - Vertrauensverlust der Bevölkerung in die Politik und Flucht in politische Extreme am linken (KPD) und rechten Rand (NSDAP).

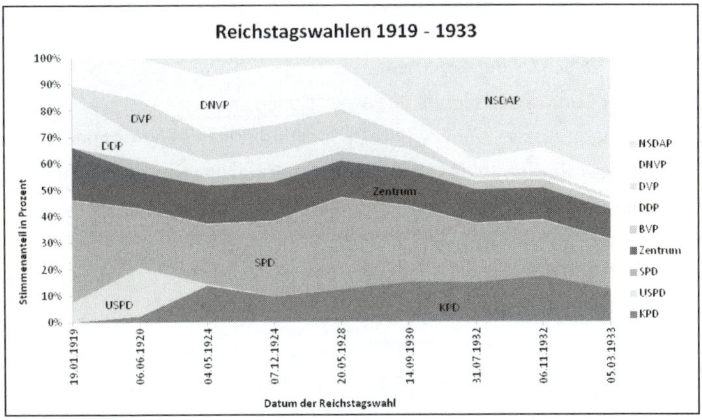

Zahlen nach: https://de.wikipedia.org/wiki/Reichstagswahlen_in_Deutschland

- **Radikalisierung** (Straßenschlachten als Mittel der politischen Auseinandersetzung).

Brünings Deflationspolitik

- Reichskanzler Brüning begegnete der Weltwirtschaftskrise mit einer drastischen Sparpolitik.
  - **Abbau** staatlicher Sozialausgaben, z. B. Kürzung des Arbeitslosengeldes,
  - **Kürzung** von Löhnen und Gehältern im öffentlichen Dienst,
  - allgemeine Verordnung von Lohn-, Miet-, Zins- und Preissenkungen,
  - Erhöhung von Steuern auf Löhne und Massenverbrauchsgüter.

- Ziele
  - Ausgeglichener Staatshaushalt,
  - unbedingte **Vermeidung** einer Hyperinflation wie 1923,
  - Gesundschrumpfen der deutschen Wirtschaft,
  - Steigerung der Wettbewerbsfähigkeit durch innere Abwertung.
  - Es ist in der Forschung umstritten, ob Brüning mit seiner Politik die Zahlungsunfähigkeit Deutschlands gegenüber alliierten Reparationsverpflichtungen nachweisen wollte, um das Reparationsproblem zu lösen.
  - Kritiker unterstellen Brüning auch den Versuch, mit der Deflationspolitik die Weimarer Republik destabilisieren zu wollen.

- Folgen: **Verschärfung der Krise**
  - Vergrößerung des Elends der Arbeitslosen,
  - Verringerung der Kaufkraft durch Senkung privater Einkommen,
  - weiterer Rückgang der Produktion durch Nachlassen der Nachfrage,
  - Zusammenbruch des internationalen Währungssystems auf der Grundlage des Goldpreises (Goldstandard),
  - Ansteigen des Wertes der Reichsmark,
  - Verteuerung deutscher Produkte auf dem Weltmarkt.

Präsidialdiktatur ab 1930

- Erklärte Ziele Hindenburgs in der Endphase der Weimarer Republik
  - Ausschaltung des Parlaments,
  - Rückkehr zur **Monarchie**.

- Machtmissbrauch des Reichspräsidenten durch **Kopplung** von Art. 48 und 25 der Weimarer Verfassung führte zu einer Ausschaltung des Reichstages.
  - Nachdem der Reichstag die Sozialgesetzgebung des neuen Kanzlers Brüning abgelehnt hatte, setzte Hindenburg die Gesetze in Form von Notverordnungen (Art. 48) um.
  - Die Umwandlung eines vom Reichstag abgelehnten Gesetzentwurfs in eine Notverordnung war eindeutig verfassungswidrig.
  - Als der Reichstag die Aufhebung der Notverordnung forderte, löste der Reichspräsident nach Artikel 25 den Reichstag auf. Bis zur Neuwahl nach 60 Tagen konnte jetzt mit Notverordnungen regiert werden.

- **Preußenschlag** 1932
  - Anlass: Gerüchte um eine Regierung aus SPD und KPD in Preußen,
  - Absetzung der preußischen Regierung auf der Grundlage von Art. 48; Kanzler Papen übernahm kommissarisch die Macht; fragwürdige Begründung: Preußen habe seine Pflichten gegenüber dem Reich verletzt,
  - Charakter eines Staatsstreiches.

- **Präsidialkabinette** ohne Reichstagsmehrheit
  - Brüning (1930–1932),
  - von Papen (1932),
  - Schleicher (1932).

- Als Hitler am 30. Januar 1933 an die Macht kam, war die Demokratie schon zerrüttet.

War die Weimarer Republik zum Scheitern verurteilt?

- Es ist bis heute umstritten, ob die Weimarer Republik scheitern und zwangsläufig in die nationalsozialistische Diktatur münden musste.

- Befürworter der These, dass die erste deutsche Demokratie zum Untergang verdammt war, betonen die erdrückenden **Schwierigkeiten**.
  - Außenpolitische Belastungen: Versailler Vertrag,
  - wirtschaftliche Probleme: Reparationsleistungen, Hyperinflation und **Folgen** der **Weltwirtschaftskrise**,
  - verfassungsrechtliche Schwächen: Allmacht des Reichspräsidenten auf Grund von Art. 25 und 48 (Notverordnung), Parteienzersplitterung,
  - gesellschaftliche Mentalitäten: Demokratiefeindlichkeit der alten Eliten, Kontinuität im Beamtenapparat (z. B. „Justiz auf dem rechten Auge blind"), Dolchstoßlegende, Verunsicherung in der Bevölkerung, Vertrauensverlust gegenüber der Politik.

- Viele Historiker betonen demgegenüber, dass
  - die Weimarer Republik die Krisenjahre des Anfangs (1918–1923) trotz größter Probleme überstand,
  - die Phase zwischen 1924 und 1929 eine Zeit der wirtschaftlichen und kulturellen Blüte war („Goldene Zwanziger"), in denen sich die Republik deutlich stabilisierte,
  - erst der **Börsenkrach** von **1929** – also ein Ereignis von außen – die Demokratie untergehen ließ,
  - erst die folgende Wirtschaftskrise, gepaart mit der verheerenden Deflationspolitik Brünings, den Aufstieg der Nationalsozialisten bedingte,
  - erst am Ende der Weimarer Republik die Schwächen der Verfassung systematisch von Hindenburg ausgenutzt wurden.

NS-Ideologie

- Die nationalsozialistische Weltanschauung, die bereits aus „Mein Kampf“ (1925) herauszulesen ist, ist keine genuine Erfindung Hitlers, sondern eine Sammlung aus Versatzstücken vorhandener **völkischer**, **rassistischer** und **revisionistischer** Gedanken.

- Rassenlehre
  - Einteilung der Menschen in höher- und minderwertige Rassen,
  - Arier als höchste Rasse („Herrenvolk“),
  - im Kampf der Rassen werden die minderwertigen unterworfen bzw. vernichtet (sozialdarwinistische Auslese).

- Antisemitismus
  - (Fälschliche) Definition der Juden als Rasse,
  - Verschwörungstheorie: Juden stehen angeblich hinter allen negativen Zeiterscheinungen (Bolschewismus, internationales Finanzkapital).

- Volksgemeinschaft
  - Vereinigung aller Deutschen (im Widerspruch zum Versailler Vertrag),
  - Reinhaltung der Rasse,
  - Unterordnung des Einzelnen,
  - Schaffung einer homogenen Gemeinschaft (Pseudosozialismus).

- Führerprinzip
  - Radikal antidemokratische Grundhaltung

- Lebensraum im Osten
  - Überhöhter Nationalismus,
  - Recht der Deutschen, einen notwendigen Lebensraum zu erkämpfen,
  - Minderwertigkeit der slawischen Völker.

Aufstieg der NSDAP

- Bis 1929 war die NSDAP eine unbedeutende Splitterpartei der Weimarer Republik.

- Reichstagswahlen 1928–1932

Reichstagswahlen	1928	1930	(31.7.) 1932
Wählerstimmen in Prozent	2,6%	18,3%	37,3%

Eberhard Kolb, Die Weimarer Republik, München 2002, S. 308.

- Ursachen der **Wahlerfolge seit 1930**
  - Folgen der Weltwirtschaftskrise (6 Millionen Arbeitslose),
  - Aussicht auf „ordnende Hand" eines starken Mannes in einem Klima zunehmender innenpolitischer Radikalisierung,
  - Flucht der Bevölkerung in politische Extreme,
  - Popularität der NSDAP durch Anti-Young-Plan-Kampagne,
  - Modernität von Hitlers Wahlkampf: Film, Omnipräsenz per Flugzeug („Hitler über Deutschland").

- Wählerschaft
  - Entgegen früheren Annahmen, dass die Nationalsozialisten vor allem von Arbeitslosen und einem seit der Inflation von 1923 verunsicherten Mittelstand gewählt wurden, gilt heute, dass die Stimmen aus **allen sozialen Gruppen** kamen.
  - Zustimmung erhielt die NSDAP vor allem von Erstwählern sowie den meisten männlichen Jungwählern.
  - Nach 1930 öffneten sich Angestellte, Beamte und akademische Berufe dem Nationalsozialismus.
  - Die Mehrheit der arbeitslosen ungelernten Arbeiter wählte weiterhin eher KPD oder SPD, während arbeitslose Angestellte oder Facharbeiter zur NSDAP tendierten.
  - Konfessionell waren die Anhänger der NSDAP eher protestantisch, in regionaler Hinsicht kamen sie vor allem aus kleineren Gemeinden.

„Machtergreifung“

- Die sogenannte „Machtergreifung“ ist ein von den Nationalsozialisten geprägter Begriff, der die Dynamik der Vorgänge um den 30. Januar 1933 widerspiegeln sollte. Historisch betrachtet ist der Begriff falsch, da es sich um eine verfassungskonforme **Machtübertragung** an Hitler handelte.

- Im Jahr 1932 waren Hitler und die Nationalsozialisten zur stärksten politischen Kraft in Weimar geworden.
  - Erfolg der NSDAP bei den Reichstagswahlen am 31. Juli 1932 (37,3%),
  - bei den Wahlen zum Reichspräsidenten erhielt Hitler als zweitstärkster Kandidat 36,8% der Stimmen.

- Hitlers „Alles-oder-nichts“-Strategie scheiterte.
  - Weigerung Hitlers, in das Kabinett von Papens einzutreten, da er selbst Kanzler werden wollte,
  - Hoffnung auf weiteren Stimmenzuwachs zerstört, da die NSDAP bei den Reichstagswahlen am 6. November 1932 zwei Millionen Wähler verlor und nur noch 33,1% der Stimmen erhielt.

- In der politisch festgefahrenen, bürgerkriegsartigen Situation gewann die **Kamarilla**, eine verfassungsmäßig nicht legitimierte Gruppe von Beratern (Sohn Hindenburgs, General Kurt von Schleicher), entscheidenden Einfluss auf den greisen Reichspräsidenten Hindenburg.
  - Sie überredeten den widerstrebenden Hindenburg, den „Gefreiten“ Hitler als Kanzler eines Koalitionskabinetts zu ernennen,
  - Vizekanzler Papen wollte die nationalsozialistische Bewegung als Massenbasis für einen nationalkonservativen, autoritären Staat benutzen,
  - „Zähmungs“-Absicht: Umrahmt von Papen und Wirtschaftsminister Hugenberg sollte Hitler gefügig gemacht werden (Papen: „In zwei Monaten haben wir Hitler in die Ecke gedrückt, dass er quietscht.“).

- Ernennung Hitlers zum Reichskanzler am 30. Januar 1933

- Die Machtübertragung war keineswegs unvermeidlich, sondern von Kräften vorangetrieben, die die Demokratie bereits aufgegeben hatten.

Errichtung der Diktatur

- 1. Februar 1933: Auflösung des Reichstags durch Hindenburg; 4. Februar 1933: Einschränkung der Grundrechte wie Meinungs-, Presse- und Versammlungsfreiheit mit Hilfe einer Notverordnung (Art. 48).

- 28. Februar 1933: Verordnung des Reichspräsidenten zum Schutz von Volk und Staat (= **Reichstagsbrandverordnung**)
  - Als Täter für den Reichstagsbrand (27. Februar 1933) wurde der Kommunist Marinus van der Lubbe präsentiert, was eine breit angelegte Verhaftungswelle von Kommunisten rechtfertigte.
  - Die Grundrechte wurden „bis auf weiteres" – de facto bis 1945 – außer Kraft gesetzt. Diese halblegale Maßnahme auf der Grundlage von Art. 48 stellte die formale Legitimation für die Gestapo und deren willkürliche Verhaftungen dar.

- 23. März 1933: **Ermächtigungsgesetz**
  - Die Reichsregierung wurde ermächtigt, Gesetze ohne das Parlament zu verabschieden. Die Gesetze durften von der Verfassung abweichen.
  - Damit war die Gewaltenteilung aufgehoben, das Parlament funktionslos geworden. Dies war der **Beginn der Diktatur** Hitlers.
  - Selbstausschaltung des Parlaments mit den Stimmen von NSDAP, Zentrum, der Bayerischen Volkspartei und der Deutschen Staatspartei. Die Kommunisten waren bereits verhaftet, nur die Sozialdemokraten stimmten gegen das Gesetz.

- Ausschaltung potenzieller Gegner
  - 2. Mai 1933: Zerschlagung der Gewerkschaften; Einbindung in die nationalsozialistisch kontrollierte Deutsche Arbeitsfront (DAF).
  - 22. Juni bis 5. Juli 1933: Verbot der SPD bzw. erzwungene Selbstauflösung anderer Parteien; 14. Juli 1933: Gesetz gegen die Neugründung von Parteien. Damit war der **Einparteienstaat** etabliert.

- Nach dem Tod Hindenburgs am 2. August 1934 vereinigte Hitler die Ämter des Reichspräsidenten und Kanzlers; er nahm den Titel **„Führer und Reichskanzler"** an; die Reichswehr wurde auf ihn vereidigt.

Gleichschaltung

- Der nationalsozialistische Begriff der Gleichschaltung bezeichnet den Prozess der Reorganisation und **Vereinheitlichung** des gesamten **gesellschaftlichen, kulturellen** und **politischen** Lebens.

- Gleichschaltung der Länder
  - Rechtsgrundlage: Art. 2 der Reichstagsbrandverordnung ermächtigte den Reichsinnenminister, in die Souveränität der Länder einzugreifen, falls diese nicht geeignete Maßnahmen zum Schutz der Bevölkerung ergriffen,
  - Gesetz zur Gleichstellung der Länder mit dem Reich, d.h. Übertragung der Ergebnisse der Reichstagswahl vom 5. März 1933 ohne weitere Wahl auf alle Landtage, Bürgerschaften und kommunale Parlamente,
  - Einsetzung von Reichsstatthaltern mit der Befugnis, die Länderregierungen zu ernennen bzw. zu entlassen,
  - Gesetz über den Neubau des Reiches, d.h. Beseitigung der Länderparlamente und Übertragung der Rechte auf die Reichsregierung,
  - Auflösung der Länder und schließlich Auflösung des Reichsrates (Februar 1934).
  - Das deutsche Reich war damit ein **zentralistischer Einheitsstaat** geworden.

- Für betroffene Organisationen, Institutionen oder Gruppen bedeutete Gleichschaltung im Wesentlichen dreierlei:
  - Beseitigung demokratischer Strukturen zugunsten des Führerprinzips,
  - Entfernung von Juden,
  - Führungswechsel zugunsten von Anhängern des neuen Regimes.

- Wichtige Bereiche, die der Gleichschaltung unterzogen wurden, waren
  - Beamtenschaft, Justiz und Polizei,
  - akademische Berufsverbände, z.B. NS-Lehrerbund, NS-Ärztebund,
  - Rundfunk und Presse.

Verführung und Terror

- Hitler sicherte seine Herrschaft durch eine Kombination aus Verführung und Gewalt.

- Elemente der **Verführung**
  - Propaganda,
  - Führerkult,
  - Masseninszenierungen, z. B. bei Reichsparteitagen,
  - Gefühl des einzelnen, in einer starken (Volks-)Gemeinschaft aufgehoben zu sein,
  - erfolgreiche Indoktrinierung der Jugend in HJ und BdM, die Zeltlager und Geländespiele begeistert aufnahmen,
  - Mythos der (in der Weimarer Republik geplanten) Autobahnen,
  - Beseitigung der Massenarbeitslosigkeit,
  - Beseitigung der „Fesseln" des Versailler Vertrages (z. B. Wiederaufrüstung).

- Götz Aly spricht von einer „**Gefälligkeitsdiktatur**", die das Wohlwollen der Bevölkerung erkaufte durch
  - sozialpolitische Maßnahmen wie der „Tag der Arbeit", Kindergeld etc.,
  - Kraft durch Freude (KdF): verbilligte Urlaubsreisen,
  - die Umverteilung des „arisierten" Eigentums.

- Terror
  - Errichtung von Arbeitslagern seit Frühjahr 1933,
  - Einschüchterung und willkürliche Verhaftungen durch die Gestapo,
  - ständige Überwachung durch weit verbreitetes Spitzelsystem, Blockwarte und Polizei.

- Bis weit in den Krieg waren die Zustimmungswerte gegenüber dem NS-System in der Bevölkerung erstaunlich hoch. Erst mit der immer deutlicher werdenden Niederlage rückten viele von Hitler ab.

Jugend im Nationalsozialismus

- Entscheidend für Hitlers „neuen Menschen" war die Erziehung der Jugend.

- **Hitlerjugend** (HJ)
  - Ziel: sportliche Ertüchtigung,
  - Ausfahrten und Zeltlager,
  - Indoktrinierung bei Heimabenden,
  - Verpflichtungen 3–4 Mal pro Woche,
  - zunehmend paramilitärische Übungen zur Kriegsvorbereitung.

- **Bund deutscher Mädel** (BdM)
  - Erziehung zum NS-Frauenideal (Mutterkult).

- Bis 1936 unterlag die Mitgliedschaft in HJ und BdM keinem Zwang, wenn auch das Prinzip der Freiwilligkeit durch Druck auf Jugendliche und Eltern zunehmend untergraben wurde. Die große Mehrheit machte begeistert mit.

- Die lückenlose Erfassung der Jugendlichen trug zur weiteren Auflösung der Familien und anderer Solidargemeinschaften bei. Jungen wie Mädchen fochten Generationskonflikte mit Hilfe des Staates aus.

- Mit dem stärker werdenden militärischen Drill, dem verpflichtenden Charakter und der bürokratischen Verfestigung nahm die Attraktivität der NS-Jugendorganisationen Ende der 30er Jahre ab.
  - Entstehung einer nicht uniformierten, jugendlichen Gegenkultur (**Swingjugend, Edelweißpiraten**).

Phasen der antisemitischen Judenpolitik

- Phase I: Ausgrenzung und Entrechtung (1933–1938)
  - Insgesamt gab es etwa 2000 antijüdische Gesetze/Verordnungen, z. B.
  - eintägiger Boykott jüdischer Geschäfte (1. April 1933),
  - „Arierparagraph" (1933) legitimierte Berufsverbote für Juden,
  - Nürnberger Gesetze (1935): Eheschließungen zwischen Ariern und Juden wurden verboten,
  - **Reichspogromnacht** (9. November 1938): Zerstörung jüdischer Synagogen und jüdischer Geschäfte,
  - Verordnung über die Ausschaltung der Juden aus dem Wirtschaftsleben (12. November 1938); „Arisierung" des jüdischen Besitzes,
  - Einführung von Zwangsnamen „Sara" bzw. „Israel" für Juden,
  - Verbote, Bibliotheken, Schwimmbäder oder Kinos zu besuchen.

- Phase II: **Ghettoisierung** (1939–1941/42)
  - Konzentration der Juden in den besetzten Gebieten, z. B. Warschauer Ghetto,
  - Aussiedlungspläne, z. B. Madagaskar, Ural.

- Phase III: „**Endlösung**" (1942–1945)
  - Wannseekonferenz (20. Januar 1942) koordinierte die bereits angelaufenen Massentötungen,
  - systematische Deportation in die Vernichtungslager im Osten.

- Es ist bis heute wissenschaftlich umstritten, inwieweit der Genozid an den Juden von Anfang an geplant war.
  - Diejenigen, die an einen zugrunde liegenden Plan glauben, verweisen auf die radikalen antisemitischen Äußerungen Hitlers seit den 20er Jahren.
  - Andere betonen die Widersprüche in der nationalsozialistischen Judenpolitik und vor allem die Rolle des Kriegs und seines Verlaufs, der andere Optionen zunehmend ausschloss.

Widerstand

- Formen, Motive und Reichweite des Widerstands im Nationalsozialismus waren äußerst vielfältig. Ein gängiges Modell zur Beschreibung ist das vierstufige Modell von Detlev Peukert.

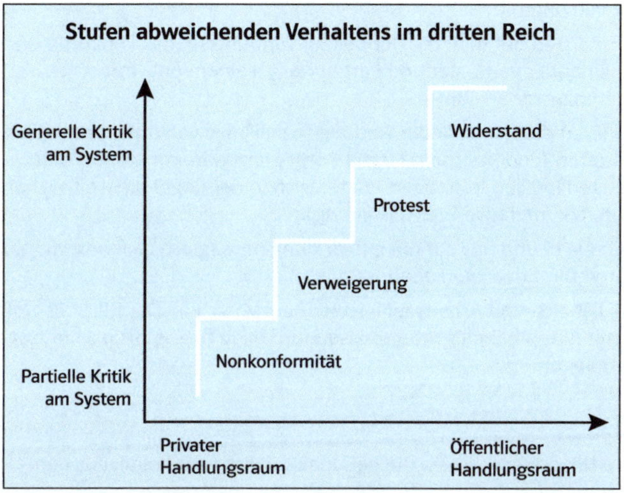

Peukert, Detlev: Die Edelweißpiraten. Protestbewegungen jugendlicher Arbeiter im Dritten Reich. Eine Dokumentation, Bund Verlag Köln 1980, S. 236.

- Widerstand reichte damit
  - vom nonkonformen Verhalten, z. B. Hören von Feindsendern, Erzählen von Flüsterwitzen im privaten Raum,
  - über Verweigerung, z. B. Edelweißpiraten, die sich gegen die Vereinnahmung durch die Hitlerjugend zur Wehr setzten,
  - Protest, z. B. öffentliches kirchliches Bekenntnis gegen die Euthanasie, studentischer Widerstand der Weißen Rose,
  - bis zum Attentat auf Hitler (Georg Elser, Stauffenberg).

- Längst nicht alle dieser Widerstandsformen waren grundsätzlich mit einer Fundamentalopposition gegen den Nationalsozialismus verbunden.

Hitlerismus oder Dynamik von unten?

- Der Charakter des Nationalsozialismus und die Rolle Hitlers werden sehr unterschiedlich bewertet.

- Dynamik von unten
  - Strukturalisten betonen die Doppelung von Ämtern, das konkurrierende Nebeneinander von Staat und Partei, was zu einem polykratischen **Kompetenzwirrwarr** führte.
  - Sie erklären die Dynamik der Nationalsozialismus von unten, aus der weit verbreiteten Tendenz, „dem Führer entgegenzuarbeiten". Unter den vielfältigen lokalen Initiativen setzten sich in der Regel die weitreichendsten durch (kumulative Radikalisierung).
  - Hitler habe häufig **nur** auf die Entwicklungen **reagiert**; es fehlte vielfach an klaren Direktiven von oben.
  - Hitlers Lebens- und Arbeitsstil leistete dem Vorschub. Der Diktator wollte nicht mit Akten behelligt werden, sondern blieb häufig bis nachmittags im Bett liegen.

- Hitlerismus
  - Andere Historiker erklären die nationalsozialistische Politik aus dem **Programm** Hitlers.
  - Bereits „Mein Kampf" habe mit seinem radikalen Antisemitismus und seiner Lebensraumpolitik, die den Weltkrieg und vor allem den Überfall auf die Sowjetunion notwendigerweise einschließe, die spätere Entwicklung vorweggenommen.
  - Sie verstehen den Nationalsozialismus zwar nicht als monolithischen Block, betonen aber eine klare Hierarchie, in der niemand es gewagt habe, Hitler zu widersprechen. So konnte seine Persönlichkeit ein ganzes System prägen.
  - Sie bewerten die Dopplung der Ämter als **bewusste** Herrschaftstechnik, da kein Untergebener zu mächtig werden konnte und die Entscheidung auf Hitler als Schiedsrichter zulief.

- Lokal- und Detailforschungen der jüngsten Vergangenheit stützen immer mehr das Bild eines polykratischen Durcheinanders.

Hitlers Weg in den Krieg

- Die übergeordneten Zielsetzungen der nationalsozialistischen Außenpolitik (Lebensraum im Osten, Weltmachtstreben) planten einen Krieg von vornherein mit ein (vgl. Hitlers Rede vom 3. Februar 1933).

- **Bruch des Versailler Vertrages** als Voraussetzung für das Wiedererlangen der militärische Stärke:
  - Geheime militärische Aufrüstung seit 1933,
  - Wiedereinführung der allgemeinen Wehrpflicht (1935),
  - Besetzung des entmilitarisierten Rheinlandes (1936).

- Terminierung des Krieges: In einer geheimen Denkschrift zum Vierjahresplan erklärte Hitler 1936, die Wehrmacht müsse in „vier Jahren einsatzfähig, die deutsche Wirtschaft in vier Jahren kriegsfähig sein".

- Die aggressive Schaffung vollendeter Tatsachen glich Hitler jeweils durch eine umfangreiche Friedensrhetorik aus.

- **Appeasement-Politik** der Westmächte
  - Briten und Franzosen beschränkten sich auf schwache Proteste (z. B. beim „Anschluss" Österreichs, 12. März 1938), was Hitler zu noch größeren Risikoschritten verleitete,
  - im Münchener Abkommen (30. September 1938) akzeptierten die Westmächte die Abtretung des Sudetenlandes an Deutschland, um einen Krieg zu verhindern,
  - Besetzung der sogenannten „Resttschechei" durch deutsches Militär ohne nennenswerten Widerstand der Westmächte.

- **Hitler-Stalin-Pakt** (23. August 1939)
  - Deutsch-sowjetischer Nichtangriffspakt,
  - Geheimes Zusatzprotokoll: Aufteilung Polens in deutsche und sowjetische Interessensphären.

- Überfall auf Polen (1. September 1939); Beginn des Zweiten Weltkriegs.

Charakter und Verlauf des Zweiten Weltkrieges

- **Blitzkriege** bis 1941
  - Rasche Besetzung Polens, Dänemarks, Norwegens, Belgiens, Hollands und Frankreichs,
  - im Frühjahr 1941 kontrollierte das deutsche Reich den gesamten europäischen Kontinent,
  - England blieb ungeschlagen; Hitler ließ englisches Expeditionsheer bei Dünkirchen entkommen; Luftkrieg musste ergebnislos abgebrochen werden.

- **Ideologischer Vernichtungskrieg** im Osten
  - Schon im Krieg gegen Polen wurden Zivilisten aus rasseideologischen Motiven in Konzentrationslager verschleppt oder ermordet,
  - Überfall auf die Sowjetunion (22. Juni 1941): gezielte massenhafte Dezimierung von Juden, Bolschewiken und Partisanen als Teil des Germanisierungs- und Unterwerfungskonzepts.

- Wende des Krieges durch die Niederlage bei **Stalingrad** (Winter 1942/43)

- Landung der Alliierten in der Normandie (**D-Day** 1944)

- Kriegsende
  - Dem Zweitfrontendruck war die Wehrmacht nicht mehr gewachsen.
  - Intensivierter Luftkrieg über Deutschland mit dem Ziel der Zermürbung der Bevölkerung (z. B. Zerstörung Dresdens),
  - Einnahme Berlins durch die Rote Armee,
  - **bedingungslose Kapitulation Deutschlands** am 7. Mai 1945 gegenüber den Westmächten, am 8. Mai 1945 gegenüber der UdSSR.

- Der Krieg im Pazifik endete mit der Kapitulation Japans nach den Atombombenabwürfen der Amerikaner auf Hiroshima und Nagasaki.

Die alliierten Kriegskonferenzen

- Unterschiedliche Interessen in der Anti-Hitler-Koalition
  - Ideologische Gegensätze,
  - US-Präsident Roosevelt und der britische Premier Churchill formulierten in der **Atlantikcharta** (1941) ihre grundlegenden Prinzipien einer internationalen Nachkriegsordnung: Selbstbestimmungsrecht der Völker, freie Wahl der Regierungsformen, keine Annexionen, freier Handel.
  - Sowjetisches **Sicherheitsbedürfnis**: Stalin machte frühzeitig klar, dass die Gebietsgewinne durch den Hitler-Stalin-Pakt (Polen, Baltikum) nicht rückgängig gemacht werden könnten. Er forderte einen Gürtel von Satellitenstaaten unter sowjetischem Einfluss in Osteuropa.

- Konferenz von **Casablanca** (Januar 1943)
  - Roosevelt und Churchill vereinbarten die Errichtung einer zweiten Front,
  - Forderung nach bedingungsloser Kapitulation Deutschlands.

- Konferenz von **Teheran** (November 1943)
  - Erstes Treffen der großen Drei: Roosevelt, Churchill und Stalin,
  - Festlegung der Zerstückelung Deutschlands in fünf souveräne Gebiete,
  - Westverschiebung Polens als Zugeständnis an Stalin.

- Konferenz von **Jalta** (Februar 1945)
  - Sanktionierung der völkerrechtswidrigen Annexion Polens durch die Sowjetunion 1939 und die Westverschiebung des polnischen Territoriums,
  - Anerkennung der sowjetischen Einflusssphäre in Südosteuropa,
  - Aufgabe der Zerstückelungspläne für Deutschland, da die Westalliierten Deutschland als Bollwerk gegen den Kommunismus brauchten,
  - Grundzüge der Besatzungspolitik, insbesondere Einteilung der vier Besatzungszonen.

Flucht und Vertreibung

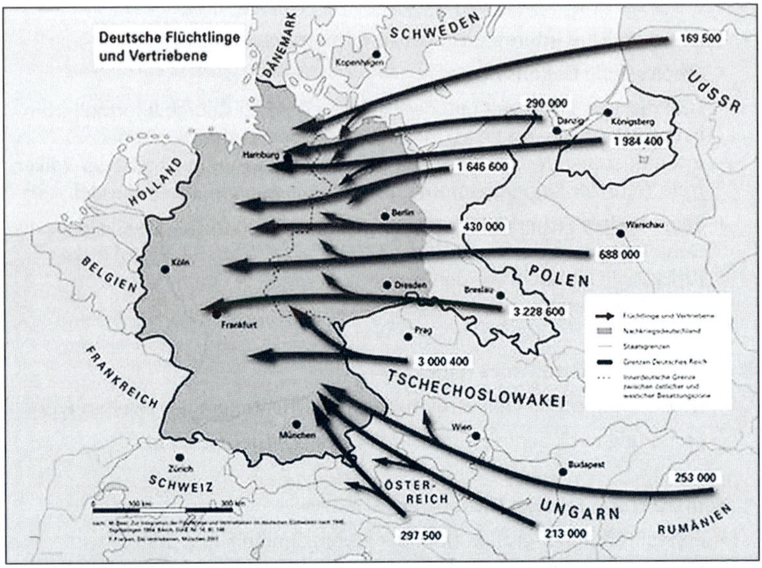

- Fluchtwelle der deutschen Bevölkerungsgruppen Ende des Jahres 1944 aus Angst vor dem Vorrücken der Roten Armee.
- „Wilde" Vertreibungen der Deutschen durch Polen und Tschechen noch vor Kriegsende.
- Zwischen 1945 und 1950 planmäßige Zwangsumsiedlungen östlich von Oder und Neiße gemäß Artikel 13 des Potsdamer Abkommens als Folge der Westverschiebung Polens.
- Folgen
  - Schwierige Eingliederung der etwa **12 Millionen** Flüchtlinge und Vertriebenen, die vornehmlich in ländlichen Gebieten einquartiert wurden,
  - konfessionell einheitliche Gebiete wurden durch die Vertriebenen aufgebrochen.

Die „Stunde Null"

- Die „Stunde Null" steht für die **Situation** in Deutschland unmittelbar **nach Ende des Zweiten Weltkrieges**. Der Begriff verweist zurück auf die Vergangenheit, impliziert aber gleichzeitig auch die Möglichkeit eines vollständigen Neuanfangs.

- End- und Tiefpunkt des deutschen Sonderweges
  - Totale militärische Niederlage,
  - Ende der staatlichen Ordnung,
  - Ende des deutschen Nationalstaates,
  - Besatzung durch Siegermächte.

- (Alltags-)Probleme des Jahres 1945
  - Menschenverluste (ca. 7,5 Millionen Deutsche),
  - Zerstörungen: 50% des Wohnraumes, insbesondere in den Großstädten, 40% der Infrastruktur, was eine Verteilung von Nahrungs- und Versorgungsmitteln erheblich behinderte,
  - Leben in Trümmern: Insbesondere Frauen mussten den Schutt der Gebäude wegräumen („Trümmerfrauen"),
  - zerrissene Familien (durch Evakuierungen, Kriegsgefangenschaft der Soldaten),
  - Hunger und Armut; Überleben durch „Hamsterfahrten" und Tausch auf dem Schwarzmarkt,
  - Flüchtlinge und Vertriebene.

- Neuanfang
  - Befreiung von der nationalsozialistischen Diktatur,
  - Wiederaufbau,
  - Entwicklung zur Demokratie.

Potsdamer Abkommen

- Das Potsdamer Abkommen war **kein Friedensvertrag** mit Deutschland (die Deutschen waren nicht eingeladen), sondern ein Kommuniqué der Besatzer am Ende der Potsdamer Konferenz (17. Juli bis 2. August 1945). Darin einigten sich die Siegermächte USA, England und die Sowjetunion auf sechs „D's" als Prinzipien für die Behandlung Deutschlands.

- Politische Bestimmungen
  - Demilitarisierung, d.h. Zerstörung des deutschen Kriegspotenzials,
  - Demokratisierung,
  - Denazifizierung (und Reeducation),
  - Dezentralisierung der Verwaltung (z.B. föderative Struktur).

- Wirtschaftliche Bestimmungen
  - Dekartellisierung, d.h. Entflechtung der Großkonzerne wie IG Farben,
  - Demontage (Reparationsleistungen aus der eigenen Besatzungszone).

- Darüber hinaus wurde vereinbart,
  - Deutschland als wirtschaftliche Einheit zu betrachten,
  - Deutschland durch den **Alliierten Kontrollrat** gemeinsam zu regieren,
  - vier Besatzungszonen einzurichten; Berlin als Hauptstadt wurde ebenfalls geteilt,
  - die Einverleibung der deutschen Ostgebiete durch Stalin und die Oder-Neiße-Linie als neue deutsch-polnische Grenze bis zur Regelung in einem Friedensvertrag als provisorisch zu akzeptieren.

- Beurteilung
  - Unterschiedliche Vorstellungen (z.B. Demokratie-Begriff) ließen eine gemeinsame Regierung über Deutschland kaum möglich erscheinen,
  - wirtschaftliche und politische Teilung vorprogrammiert.

- Stalin konnte sich am meisten durchsetzen, da er vollendete Tatsachen (Einverleibung der deutschen Ostgebiete) geschaffen hatte und seine Unterstützung im Krieg gegen Japan noch gebraucht wurde.

Entnazifizierung

- **Nürnberger Prozesse** (1945–1946)
  - Anklage führender Nationalsozialisten wegen Verbrechen gegen die Menschlichkeit, Kriegsverbrechen bzw. Führung eines Angriffskrieges (12 Todesurteile, 7 langjährige Haftstrafen),
  - problematische Rechtsgrundlage, da sie erst nachträglich von den Alliierten geschaffen wurde; Eindruck einer ungerechten Siegerjustiz.

- **Amerikanische Besatzungszone**
  - Überzeugung von der Kollektivschuld der Deutschen,
  - jeder musste sich einem Fragebogen unterziehen und wurde nach dem Grad seiner individuellen Verstrickung in eine von fünf Kategorien (Hauptschuldiger bis Unbelasteter) eingeteilt und zur Verantwortung gezogen,
  - seit 1946 wurden die Verfahren deutsch besetzten Spruchkammern übertragen. Die Richter stuften die Angeklagten fast immer als „Mitläufer" ein, so dass diese straffrei blieben,
  - bei dringend gebrauchten Fachleuten z. B. in der Verwaltung schauten die Besatzer nicht so genau hin. Wissenschaftler (wie z. B. Wernher von Braun) konnten ohne Entnazifizierung in den USA weiterarbeiten,
  - Reeducation durch Schulreform, Pressekontrolle und Aufklärungsfilme.

- **Sowjetische Besatzungszone**
  - Grundverständnis des Nationalsozialismus als Herrschaftsform des Kapitals (Faschismus), so dass sich die Entnazifizierung primär gegen Inhaber von Schlüsselpositionen in Wirtschaft, Industrie (Unternehmer, Großgrundbesitzer) und Militär richtete,
  - Missbrauch der Entnazifizierung zum Aufbau einer sozialistischen Gesellschaft; Parteifunktionäre, die sich zum Kommunismus bekannten, blieben unbehelligt,
  - konsequente strukturelle Säuberung, z. B. rigorose Entfernung von Richtern (90%).

- Beurteilung: weitgehender **Fehlschlag**, keine gelungene Aufarbeitung.

Wandel der amerikanischen Deutschlandpolitik (1945–1947)

- Bis Ende des Krieges war die amerikanische Haltung gegenüber Deutschland von unnachgiebiger Härte gekennzeichnet.
  - **Morgenthau-Plan** (1944): Umwandlung Deutschlands in einen Agrarstaat, um dessen Bedrohungspotenzial für den Weltfrieden auszuschließen. Der Plan wurde von Präsident Roosevelt jedoch verworfen,
  - **Direktive 1067** der Joint Chiefs of Staff: Deutschland wird besetzt, nicht befreit; Verbot der Verbrüderung mit den Deutschen.

- Moskauer US-Botschafter George F. **Kennan** (Sommer 1945)
  - „Die Idee, Deutschland gemeinsam mit den Russen regieren zu wollen, ist ein Wahn",
  - „Zerstückelung" Deutschlands vorausgesehen: Briten und Amerikaner sollten ihre Zonen als Prellbock gegen den Kommunismus aufbauen.

- In den folgenden Jahren wurde die amerikanische Deutschlandpolitik immer mehr vom Ost-West-Konflikt bestimmt.
  - Sowjetische Praxis, im Osten Europas Satellitenstaaten aufzubauen, schürte Misstrauen der Amerikaner,
  - **Pariser Außenministerkonferenz** (1946) offenbarte Gegensätze hinsichtlich einer zukünftigen gesamtdeutschen Regierung,
  - zunehmend erschwerte Zusammenarbeit im Alliierten Kontrollrat.

- Wendepunkt: Rede des US-Außenministers **Byrnes** (6. September 1946)
  - Forderung nach wirtschaftlicher Einheit Deutschlands,
  - Angebot, politische Macht an die Deutschen zu übertragen (Nationalrat der Ministerpräsidenten),
  - Byrnes deutete auch an, eine „größtmögliche" Vereinigung der Zonen herbeizuführen, sollte eine gesamtdeutsche Lösung scheitern.

- Folge: Vereinigung der amerikanischen und britischen Zonen zur **Bizone** (1. Januar 1947).

Währungsreform und Berliner Blockade

- Die wirtschaftliche Spaltung Deutschlands ging einer politischen Zweistaatlichkeit voraus.
  - Umfangreiche **Demontagen** der Sowjets in der SBZ in den ersten Nachkriegsjahren (ca. 45% der Kapazität von 1945) im Gegensatz zur zurückhaltenden Politik der Briten und Amerikaner,
  - **Marshall-Plan** (1948): Amerikanisches Wiederaufbauprogramm für Europa half den Westzonen wirtschaftlich aus den Startlöchern,
  - die Sowjets lehnten den Plan für ihre Zone ab, da sie eine Abhängigkeit von amerikanischem Kapital („Dollarimperialismus") befürchteten.

- **Währungsreform** in den **Westzonen** (der Amerikaner, Briten und Franzosen) am 20. Juni 1948
  - Einführung der D-Mark (Umtausch der alten RM im Verhältnis 1:10),
  - jeder Westdeutsche erhielt 60 DM (ca. 30 Euro),
  - psychologisch und wirtschaftlich sehr erfolgreich,
  - Ende der Zwangswirtschaft mit Lebensmittelkarten und Schwarzmarkt,
  - rascher Übergang zu einer florierenden Marktwirtschaft.

- Mit der **Einführung der Ostmark** in der sowjetisch besetzten Zone drei Tage später war die wirtschaftliche Teilung Deutschlands vollendet.

- **Berlin-Blockade** und **Luftbrücke**
  - Stalin beantwortete den wirtschaftlichen (und politischen) Zusammenschluss der Westzonen mit der Blockade Berlins (Juni 1948 bis Mai 1949),
  - Briten und Amerikaner erhielten Westberlin am Leben, indem sie Kohle und Nahrungsmittel einflogen. („Rosinenbomber", 1948).

- Berlin-Krise (1948) als erster Höhepunkt des Kalten Krieges.

Entwicklung der SBZ

- Die Sowjetische Militäradministration für Deutschland (SMAD) gab den Ostdeutschen **kaum Spielraum** bei der Ausgestaltung der Verhältnisse.

- Wirtschaft
  - Bodenreform (1945): entschädigungslose Enteignung von Großgrundbesitzern und Verteilung an ca. 600 000 Kleinbauern,
  - Nationalisierung der Banken (1945),
  - Verstaatlichung der Industrie und Umwandlung in Volkseigene Betriebe (VEBs) bis 1948,
  - die wichtigsten Betriebe, die etwa 30% der zonalen Gesamtproduktion ausmachten, wurden in sowjetische Aktiengesellschaften (SAGs) umgewandelt,
  - rücksichtslose Demontage.

- Gesellschaft
  - Entnazifizierung im Dienste einer „Säuberung“ der Gesellschaft

- Politik
  - Einseitige sowjetische Förderung der kommunistischen „Gruppe Ulbricht“,
  - **Stalins Taktik** einer Verschleierung kommunistischer Strukturen: frühe Zulassung mehrerer antifaschistischer Parteien auf Zonenebene, die unterschiedliche Bevölkerungsgruppen an das System binden sollten,
  - angeordneter Zusammenschluss von SPD, CDU und LDPD zum „antifaschistisch-demokratischen Block“ (1945),
  - Zwangsvereinigung von KPD und SPD zur Sozialistischen Einheitspartei Deutschlands (SED) im Jahre 1946.

Gründung der Bundesrepublik

- Wirtschaftliche Vorstufen der Bundesrepublik
  - Bizone (1. Januar 1947),
  - gemeinsame Währungsreform (Juni 1948),
  - Anschluss der französischen Zone zur Trizone (August 1948).

- Londoner **Sechs-Mächte-Konferenz** (Frühjahr 1948): Beschluss über den Aufbau eines Weststaates.

- **Frankfurter Dokumente** (1. Juli 1948)
  - „Empfehlungen" der Westmächte mit aufforderndem Charakter (Vorgaben),
  - die westdeutschen Ministerpräsidenten sollten eine verfassungsgebende Versammlung einberufen, die eine föderative Verfassung für den Weststaat entwerfen sollte,
  - Verfassung musste von den Militärgouverneuren genehmigt werden,
  - sie sollte durch Volksentscheide legitimiert werden.

- Koblenzer Beschlüsse der Ministerpräsidenten
  - Weststaat sollte nur **provisorischen** Charakter haben, um die Spaltung zwischen Ost und West nicht zu vertiefen. Ziel blieb die gesamtdeutsche Einheit,
  - die Ministerpräsidenten entschieden sich daher für einen „Parlamentarischen Rat" anstelle einer verfassungsgebenden Versammlung,
  - sie nannten das vorläufige Verfassungswerk „Grundgesetz",
  - dieses sollte nicht durch Volksabstimmungen, sondern lediglich durch die Länderparlamente verabschiedet werden.

- Beratungen des Parlamentarischen Rates in Bonn (ab September 1948)

- **Annahme des Grundgesetzes** (23. Mai 1949) und damit Gründung der Bundesrepublik

Gründung der DDR

- Parallel zur Entstehung der Bundesrepublik (BRD) wurde die Gründung der Deutschen Demokratischen Republik (DDR) vorangetrieben, so dass man von einer **doppelten Staatsgründung** im Jahr 1949 spricht.

- Volkskongressbewegung
  - Im Ersten und Zweiten Deutschen Volkskongress (1947/1948) bestimmte die SED den politischen Kurs,
  - Wahl des „Deutschen Volksrats", der einen Verfassungsentwurf ausarbeitet, der von den Sowjets genehmigt wurde,
  - für die Wahl zum Dritten Volkskongress (Mai 1949) gab es nur noch eine **Einheitsliste**, die mehrheitlich mit Mitgliedern der SED besetzt war. Die übrigen Plätze teilten sich andere Parteien und Massenorganisationen (z. B. FDJ). Die Bevölkerung konnte nur noch mit „Ja" oder „Nein" stimmen,
  - Kopplung der Wahl mit der Suggestivformulierung *„Ich bin für die Einheit Deutschlands und einen gerechten Friedensvertrag. Ich stimme darum für die nachstehende Kandidatenliste zum Dritten Deutschen Volkskongreß"*. Dennoch stimmten nur **66,1%** zu.
  - Der Dritte Volkskongress bildete aus sich heraus den Zweiten Deutschen Volksrat, der sich am 7. Oktober zur Provisorischen Volkskammer erklärte,
  - Gründung der DDR am selben Tag durch **Annahme der Verfassung**.

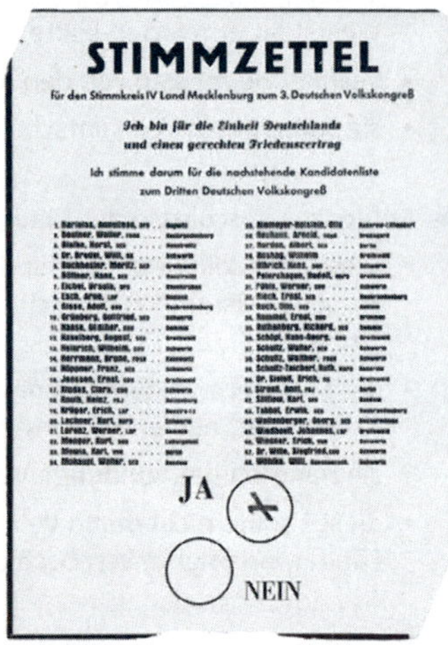
STIMMZETTEL

für den Stimmkreis IV Land Mecklenburg zum 3. Deutschen Volkskongreß

Ich bin für die Einheit Deutschlands und einen gerechten Friedensvertrag

Ich stimme darum für die nachstehende Kandidatenliste zum Dritten Deutschen Volkskongreß

JA

NEIN

- Angesichts der politischen Rahmenbedingungen, die durch die Besatzungsmächte diktiert wurden, waren die Handlungsspielräume der Deutschen, insbesondere im Osten, äußerst begrenzt.

Grundgesetz – Lehren aus Weimar

- Die „Väter des Grundgesetzes" zogen bewusst die Konsequenzen aus den Schwächen der Weimarer Verfassung, die Hitlers Aufstieg ermöglichte.

- **Schwächen** der **Weimarer Verfassung**
  - Direkte Wahl des Reichspräsidenten,
  - Allmacht des Präsidenten (Art. 25: Auflösung des Reichstages und Art. 48 Notverordnung),
  - Abhängigkeit des insgesamt schwachen Kanzlers vom Reichspräsidenten, keine Bindung an Mehrheitsverhältnisse im Parlament,
  - kein Schutz der Grundrechte,
  - Zersplitterung des Parlaments durch reines Verhältniswahlrecht,
  - auch verfassungsfeindliche Parteien können in den Reichstag gewählt werden (z. B. NSDAP).

- **Prinzipien** des **Grundgesetzes**
  - Keine plebiszitären Elemente,
  - Wahl des Bundespräsidenten durch die Bundesversammlung,
  - lediglich repräsentative Funktion des Präsidenten,
  - „Kanzlerdemokratie": Richtlinienkompetenz des Bundeskanzlers,
  - Wahl des Kanzlers durch Mehrheit im Bundestag,
  - konstruktives Misstrauensvotum,
  - Unveränderbarkeit der Grundrechte (Art. 1–20),
  - Prinzipien von Demokratie, Rechts-, Bundes- und Sozialstaatlichkeit sind unaufhebbar,
  - Parteien unterliegen der freiheitlich-demokratischen Grundordnung,
  - Bundesverfassungsgericht (einschließlich Verfassungsschutz),
  - Fünfprozentklausel (seit 1953), um Parteienzersplitterung zu vermeiden.

Adenauers Westintegration

- Der erste Bundeskanzler der Bundesrepublik, Konrad Adenauer, wusste, dass ein isoliertes Deutschland zum Spielball sowjetischer Interessen zu werden drohte. Er entschied sich daher für eine konsequente Bindung an Westeuropa und die USA.

- Auch wenn diese umstrittene „Politik der Stärke" eine Entfremdung zum anderen Teil Deutschlands einschloss, blieb die Wiedervereinigung das (untergeordnete) Fernziel.

- Wirtschaftlich
  - Beitritt zur OEEC, dem Verteiler für Marshall-Plan-Hilfen (1949),
  - Gründung der Montanunion (1951) mit dem Ziel einer koordinierten Kohle- und Stahlpolitik,
  - Euratom (1957): Europäisches Abkommen über die gemeinsame friedliche Nutzung von Kernenergie,
  - Römische Verträge (1957): BRD wird Mitglied der Europäischen Wirtschaftsgemeinschaft (EWG), dem Vorläufer der EU.

- Politisch
  - Petersberger Abkommen (1949): BRD darf konsularische Beziehungen zu anderen Ländern aufnehmen,
  - Mitglied im Europarat (1950/51).

- Militärisch
  - Plan einer europäischen Verteidigungsgemeinschaft (1952), der aber schließlich am Widerstand Frankreichs scheiterte,
  - **Pariser Verträge** (1955): Beitritt der Bundesrepublik zur Westeuropäischen Union und zur NATO.

- Als Gegenleistung für die Westintegration (vor allem durch die Pariser Verträge) erhielt die Bundesrepublik die volle **Souveränität**. Damit endete die Besatzungszeit.

Stalin-Noten

- Im Jahre 1952 richtete sich Stalin in diplomatischen Noten an die Westmächte, in denen er eine deutsche Wiedervereinigung unter bestimmten Bedingungen in Aussicht stellte.

- Angebote
  - Friedensvertrag für Deutschland,
  - Abzug aller Streitkräfte,
  - Wiedervereinigung,
  - freie Wahlen,
  - Wiederbewaffnung Deutschlands,
  - Beitritt zur UNO.

- Bedingungen/Forderungen
  - (Bündnis-) **Neutralität**, d. h. ein vereinigtes Deutschland darf nicht der NATO angehören,
  - Anerkennung der territorialen Bestimmungen des Potsdamer Abkommens, insbesondere der Oder-Neiße-Linie als Grenze zwischen Deutschland und Polen.

- In Übereinstimmung mit Adenauer lehnten die Westalliierten, die bis 1955 die außenpolitischen Beziehungen der BRD kontrollierten, das Angebot ab.

- Beurteilung: **Keine „verpasste Chance"** für Wiedervereinigung, da das Angebot Stalins unglaubwürdig war.
  - Sowjetunion hatte seit 1945 noch nie ein Territorium freiwillig preisgegeben,
  - Ziel Stalins, die Westintegration Deutschlands zu torpedieren und damit den europäischen Einigungsprozess zu unterbinden,
  - Hoffnung der Sowjets, neutrales Deutschland für sich vereinnahmen zu können.

Soziale Marktwirtschaft und Wirtschaftswunder

- Soziale Marktwirtschaft
  - Wirtschaftspolitisches Konzept von **Ludwig Erhard**,
  - Bekenntnis zur wirtschaftlichen individuellen Freiheit (Marktwirtschaft), staatliche Sozialpolitik soll aber die Härten des Marktes abfedern.

- Sozialpolitische Komponenten
  - Lastenausgleich (1952): Flüchtlinge, Vertriebene und Ausgebombte erhielten Entschädigung für Kriegsverluste,
  - Dynamisierung der Renten (1957), die entsprechend der allgemeinen Lohnentwicklung steigen sollten,
  - „Generationenvertrag": Renten nicht mehr aus angesparten Verträgen, sondern durch Umlageverfahren,
  - Sozialpartnerschaft: Betriebsverfassungsgesetz (1952) garantierte die betriebliche Mitbestimmung von Arbeitnehmern.

- Zusammen mit den Marshall-Plan-Geldern und der Währungsreform gehörte die soziale Marktwirtschaft zu den wesentlichen Voraussetzungen des Wirtschaftswunders.

- **Wirtschaftswunder** der 50er Jahre
  - Bis zu **zweistellige** Wachstumsraten, bedingt durch
  - neuen Maschinenpark (nach kriegsbedingten Zerstörungen),
  - nahezu Vollbeschäftigung,
  - Mentalität, für den Wiederaufbau mit anzupacken (z.B. Überstunden zu leisten),
  - niedrige Löhne,
  - kaum Arbeitskämpfe (Streiks),
  - stabile Währung,
  - extremer Nachholbedarf an Konsumgütern.

Gesellschaft der Bundesrepublik

- Die gesellschaftliche Entwicklung der 50er Jahre war sowohl von Modernität als auch von Konservatismus gekennzeichnet.

- Entstehung einer technisierten **Massenkonsumgesellschaft**

Konsumgüter / Bestand 1962		davon wurden angeschafft				
		vor 1949	1949-52	1953-57	1958-60	1961-62
Fernsehgerät	34,4			14,9	51,5	32,0
Radio	79,3	5,8	21,9	39,8	22,4	8,0
Plattenspieler	17,7	1,3	6,5	32,0	39,5	18,7
Kühlschrank	51,8	0,6	3,8	25,2	45,4	23,5
Waschmaschine	25,3	2,0	7,7	38,2	33,7	16,3
Tiefkühltruhe	2,7		1,2	15,6	50,1	30,7

Zahlen aus: Werner Abelshauser, Die langen Fünfziger Jahre: Wirtschaft und Gesellschaft der Bundesrepublik Deutschland 1949-1966, Düsseldorf 1987.

  - VW-Käfer und andere Autos ermöglichten eine neue Mobilität,
  - Urlaubsreisen nach Italien.

- Entwicklung zur **„nivellierten Mittelstandsgesellschaft“** (Schelsky)
  - Moderne Industrie- und Dienstleistungsgesellschaft,
  - steigender Wohlstand auch unterer sozialer Schichten führte dazu, dass traditionelle Einstellungen und Unterscheidungsmerkmale abnahmen.

- **Konservative Werte**
  - Rückzug ins Private: Nach der Politisierung des Alltags und den Schrecken des Krieges suchten die meisten die Idylle des privaten Familienlebens.
  - Kultureller Ausdruck dieses Strebens war die Popularität der Heimatfilme („Förster im Silberwald“, „Sissi“),
  - Frauen wurden erneut aus ihren Berufen gedrängt; Ideal der Hausfrau und Mutter,
  - Adenauer warb mit dem Slogan „Keine Experimente“. Die Konsumorientierung der Menschen entzog sozialistischen Zielsetzungen der SPD den Boden.

Aufbau des Sozialismus in der DDR

- Der planmäßige Aufbau des Sozialismus in der DDR (1949–1961) stand unter dem Motto „Von den Sowjetmenschen lernen, heißt siegen lernen".

- Politische Gestaltung
  - Etablierung einer **Volksdemokratie** mit der festgeschriebenen Führungsrolle der SED,
  - demokratischer Zentralismus: Anweisungen eines streng hierarchischen Parteiapparats waren zu befolgen,
  - **Mehrparteiensystem** im Gegensatz zum „großen Bruder", alle Parteien waren jedoch zu einer „Nationalen Front" zusammengeschlossen,
  - Wahlen nach vorgefertigten Einheitslisten, die offiziell stets eine Zustimmung von über 99% erhielten,
  - Entwicklung zu einem zentralistischen Einheitsstaat durch Abschaffung der Länder.

- Ministerium für Staatssicherheit (seit 1950)
  - Herrschaftssicherung gegen Abweichler,
  - Einschüchterung und Verhaftung Oppositioneller.

- Wirtschaft
  - Einführung einer **Planwirtschaft** (erster Zweijahresplan für 1949/50),
  - **Kollektivierung** der Landwirtschaft: Enteignung kleinerer und mittlerer Betriebe und Zwangsvereinigung zu landwirtschaftlichen Produktionsgenossenschaften (LPGs); 1960 waren 92% der landwirtschaftlichen Nutzfläche unter der Verwaltung von LPGs,
  - Fokussierung auf die Schwerindustrie; Vernachlässigung von Konsumgütern; industrielle Produktion fast ausschließlich durch Volkseigene Betriebe (VEBs).

- Gesellschaft
  - Neue Parteielite,
  - 95% der Erwerbstätigen in staatlich kontrollierten Betrieben (1961).

17. Juni 1953

- Ursachen
  - Zu hohes Tempo beim Aufbau des Sozialismus,
  - übereilte Kollektivierung der Landwirtschaft,
  - daraus resultierende Versorgungsengpässe bei Nahrungsmitteln,
  - Kontrastfolie: Wirtschaftswunder im Westen,
  - politische Unterdrückung und Repressalien,
  - weit reichende Unzufriedenheit.

- Anlass
  - Erhöhte Arbeitsnormen (10%) vom 28. Mai 1953 mit dem Ziel, die Produktivität zu steigern.

- Verlauf
  - Arbeitsniederlegung der Bauarbeiter in der Stalinallee (Ost-Berlin),
  - Demonstration mit dem Ziel der Rücknahme der erhöhten Normen, bald aber auch **politische Forderungen** nach Rücktritt der Regierung, freien Wahlen und der deutschen Wiedervereinigung,
  - Ausweitung der Streiks und Demonstrationen auf 250 Städte in der DDR,
  - **Niederschlagung** des Aufstandes durch sowjetische Panzer; mehr als 50 Tote, 20 Demonstranten standrechtlich erschossen, zwei zum Tode verurteilt,
  - die Westmächte mischten sich nicht ein.

- Folgen
  - Säuberungswelle in Gesellschaft und Partei,
  - Ausbau der Stasi,
  - Reduktion des Ausbaus der Schwerindustrie, verbesserte Versorgungslage der Bevölkerung,
  - DDR-Bürger gaben Hoffnung auf Reformen auf; **Ausreisewelle** erreichte 1953 einen vorläufigen Höhepunkt.

Bau der Berliner Mauer

- Bis 1961 gab es keine vollkommen undurchlässige Grenze zwischen der Bundesrepublik und der DDR. Insbesondere der Zugang nach West-Berlin war offen.

- Massenhafte Flucht, vor allem junger qualifizierter Arbeiter, wegen
  - mangelnder Freiheiten und fehlender Konsummöglichkeiten,
  - intensivierter Kollektivierung in der zweiten Hälfte der 50er Jahre,
  - der Zuspitzung der Spannungen durch die zweite Berlin-Krise nach 1958 (Chruschtschow-Ultimatum).

Flüchtlinge aus der DDR und aus Berlin (Ost) 1949–1961

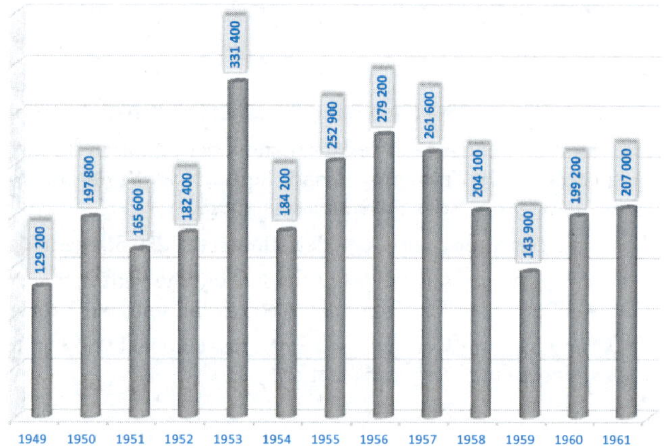

Erstellt nach: Monatsmeldungen des Bundesministeriums für Vertriebene, Flüchtlinge und Kriegsgeschädigte; Jürgen Rühle/Gunter Holzweißig, Der 13. August. Die Mauer von Berlin, 3. Aufl., Köln 1988, S. 154.

- Bau der Berliner Mauer, um Ausbluten der DDR zu verhindern (13. August 1961).

- Beurteilung/Folgen
  - Stabilisierung der DDR,
  - Nichteingreifen der Amerikaner verdeutlichte, dass sie sich nicht in die inneren Angelegenheiten jenseits des Eisernen Vorhangs einmischen würden, solange die Rechte in ihrer Hemisphäre einschließlich (West-) Berlins nicht verletzt wurden.

Resignation und Nischengesellschaft in der DDR

- Die Mauer setzte der Massenflucht jäh ein Ende und zwang die Menschen, sich mit den bestehenden Zuständen zu arrangieren.

- **Angebote/Herrschaftsstrategien** der SED
  - Neues Ökonomisches System der Planung und Leitung (NÖSPL 1963): Stärkung der Eigenverantwortung der Betriebe, mehr Konsumgüter, Erhöhung des Lebensstandards,
  - Modernität durch Bildungsoffensive und Einbindung von Frauen in die Berufswelt (1970 bereits 80%),
  - durch diese Maßnahmen entwickelte sich die DDR zur zweitstärksten Wirtschaftsmacht im Ostblock,
  - Abnahme des Terrors,
  - ideologische Überzeugungsarbeit und materieller Wohlstand sollten Loyalität erbringen.

- **Resignierter Rückzug** der Bevölkerung in gesellschaftliche „Nischen"
  - Öffentlich heuchelte man vielfach Zustimmung, z. B. in der Schule, Teilnahme an verpflichtenden Versammlungen und Wahlen,
  - im privaten Freundes- oder Familienkreis übte man heimliche Kritik,
  - beliebt war der Rückzug in den Kleingarten („Datsche").

- **Republikflucht**
  - Längst nicht alle wollten sich mit den Gegebenheiten abfinden. Nach Stasi-Berichten versuchten jährlich etwa 3000 bis 5000 Menschen zu fliehen.
  - Spektakulär waren Fluchten durch Tunnel, mit Heißluftballonen oder über die Ostsee. Viele wählten den Weg über sozialistische Drittländer.
  - Die Grenzsoldaten hatten **Schießbefehl**. Etwa 900 Menschen starben an der innerdeutschen Grenze zwischen 1949 und 1989, 255 an der Grenze zu West-Berlin.

Brandts neue Ostpolitik

- Maxime der bundesrepublikanischen Ost- und Deutschlandpolitik in den 50er Jahren
  - Hallstein-Doktrin: Alleinvertretungsanspruch der BRD, d.h. keine Anerkennung der DDR,
  - Wiedervereinigung einschließlich der deutschen Ostgebiete.

- Weltpolitischer Rahmen der 60er Jahre
  - Entspannung,
  - Anerkennung des Status quo: friedliche Koexistenz der Blöcke,
  - Relativierung der deutschen Frage: Supermächte zielten nun primär auf die Normalisierung der Verhältnisse.

- In einem deutlichen **Bruch** zur Politik der 50er Jahre sorgte Bundeskanzler Willy Brandt (1969–1974) für eine **Aussöhnung** mit dem Osten.
  - Moskauer Vertrag (1970): Anerkennung des territorialen Status quo, einschließlich der durch den Krieg geschaffenen Grenzen, keine Gebietsansprüche der BRD, Gewaltverzicht,
  - „Kniefall Brandts" (1970): Symbolische Anerkennung der deutschen Schuld an der Ermordung polnischer Juden und den Gräueltaten des Zweiten Weltkriegs,
  - Warschauer Vertrag (1970): Anerkennung der Oder-Neiße-Linie als deutsch-polnische Grenze.

- „Wandel durch Annäherung" zur DDR
  - Grundlagenvertrag (1972): Anerkennung der innerdeutschen Grenze, Normalisierung der Verhältnisse, menschliche Erleichterungen,
  - **de facto** (jedoch keine völkerrechtliche) **Anerkennung** der **DDR**.

- Zeitgenössische Bewertung
  - In der BRD sehr umstritten; **konstruktives Misstrauensvotum** gegen Brandt,
  - Wertschätzung im Ausland: **Friedensnobelpreis** für Brandt (1971).

68er-Bewegung

- Teil einer internationalen Studentenbewegung, ausgelöst durch die amerikanische Kriegführung in Vietnam.

- Umbrüche der 60er Jahre als Voraussetzung
  - Entstehung einer neuen Jugendkultur (Beat, Rock 'n' Roll, Jeans, lange Haare), die sich von der restaurativen Generation der Eltern radikal abzugrenzen versuchte,
  - Autoritätsverfall des ersten Kanzlers der BRD (Präsidentschaftskandidatur 1959, „Spiegel-Affäre" 1962) führte zum Ende der „Ära Adenauer" im Jahre 1963,
  - Entstehung einer außerparlamentarischen Opposition (APO) während der Großen Koalition von CDU und SPD (1966–1969).

- Höhepunkt der Mobilisierung 1967/1968
  - Demonstrationsmärsche und Sit-ins unter Führung des Sozialistischen Deutschen Studentenbundes (SDS),
  - Radikalisierung durch die Erschießung **Benno Ohnesorgs** (1967) im Zusammenhang mit dem Staatsbesuch des Schahs von Persien, Mohammed Reza Pahlavi, und dem Attentat auf den Studentenführer **Rudi Dutschke** (1968).

- Kritik und Zweifel der 68er-Bewegung an
  - mangelnder Aufarbeitung der nationalsozialistischen Vergangenheit,
  - **Notstandsgesetzgebung**, die mit dem Ermächtigungsgesetz Hitlers verglichen wurde,
  - Pressekonzentration bzw. Macht des Axel-Springer-Verlages,
  - Struktur der Hochschulen („Unter den Talaren – Muff von 1000 Jahren"),
  - autoritärer Erziehung,
  - prüder und bigotter Sexualmoral der Gesellschaft (Ziel: sexuelle Befreiung),
  - Kapitalismus.

Die sozialliberale Koalition (1969–1974)

- Der Einschnitt, der nach zwanzig Jahren CDU-Kanzlerschaft durch die SPD-geführte Regierung unter Willy Brandt entstand, wird häufig als **„Zweite Gründung"** der Bundesrepublik bezeichnet.

- Innenpolitisch stand die Regierung unter dem Motto „Mehr Demokratie wagen".

- Regelungen für mehr **soziale Gerechtigkeit**
  - Neues Ehe- und Familienrecht: Ehe als Partnerschaft definiert; Berufstätigkeit der Frau anerkannt, Möglichkeit eines Doppelnamens,
  - elterliche „Sorge" ersetzte elterliche „Gewalt", d.h. Schutz des Kindes vor Schlägen; Mitwirkung des Kindes bei Sorgerechtsentscheidungen,
  - Rentenreform: flexible Altersgrenze, Mindestrente für Hausfrauen,
  - Bildungsreform: Einführung des BAFöG zur Förderung sozial schwacher Kinder; Ausbau des höheren Schulwesens,
  - Lohnfortzahlung im Krankheitsfall.

- Mehr **Partizipation**
  - Herabsetzung des Wahlalters von 21 auf 18 Jahre,
  - Liberalisierung des Demonstrationsstrafrechts,
  - Mitbestimmung: Neues Betriebsverfassungsgesetz stärkt Betriebsräte (eingeschränkte Parität zwischen Arbeitgebern und Belegschaft).

- Beurteilung
  - Meilensteine im Hinblick auf Gleichberechtigung und Demokratisierung der Gesellschaft,
  - langfristige Folge: **Staatsverschuldung** durch kostenintensive Reformen.

Grenzen des Wachstums

- Die 70er Jahre waren das Krisenjahrzehnt der Bundesrepublik.

- Das Wirtschaftswunder der 50er Jahre hatte der Bundesrepublik hohe Wachstumsraten beschert. Damit war es nach vielen Jahren der Hochkonjunktur 1974 endgültig vorbei. Die Hintergründe für die wirtschaftlichen Probleme waren vielfältig.

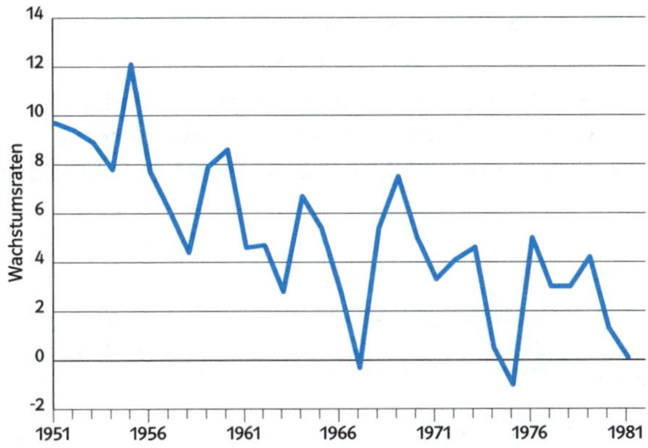

Erstellt auf der Grundlage von http://www.wachstumsstudien.de/Inhalt/Papiere/IWS-Papier1.pdf

- Ölkrise 1973 und 1979/80
  - Extreme Ölpreissteigerungen lösten in den Industrieländern eine Rezession aus, rasanter Anstieg der Arbeitslosigkeit bemerkbar.

- Strukturkrise
  - Niedergang traditioneller Industrien wie z. B. Kohle- und Stahlindustrie im Ruhrgebiet und dem Saarland, Rationalisierungsschub.

- **Stagflation** (1980–1982): hohe Inflation trotz wirtschaftlicher Stagnation.

- Lösung: kostspielige Konjunkturprogramme der Regierung Helmut Schmidts, die die Staatsverschuldung massiv ausweiteten.

Terrorismus der RAF

- Nach dem Zerfall der 68er-Bewegung radikalisierte sich ein Teil der Studentenschaft.

- Andreas Baader, Gudrun Ensslin, Ulrike Meinhof gründeten die **Rote Armee Fraktion** (RAF), eine linksextremistische Terrororganisation mit dem Ziel, durch bewaffneten Kampf eine sozialistische Umwälzung auszulösen.

- Erste Generation (Baader, Ensslin, Meinhof)
  - Gründungsstunde: Befreiung des inhaftierten Baaders 1970,
  - Banküberfälle und Sprengstoffattentate auf amerikanische Einrichtungen, staatliche Einrichtungen und den Axel-Springer-Verlag,
  - Inhaftierung seit 1973 im Hochsicherheitstrakt der JVA Stuttgart-Stammheim.

- Zweite Generation
  - Ziel: Befreiung der Gesinnungsgenossen der ersten Generation,
  - Mord an Generalbundesanwalt Buback und dem Dresdner-Bank-Chef Ponto (1977).

- Höhepunkt der terroristischen Bedrohung im „**Deutschen Herbst**" (1977)
  - Entführung von Arbeitgeber-Präsident Hanns-Martin Schleyer,
  - zeitgleiche Entführung der Lufthansa-Maschine „Landshut" durch ein arabisches Terrorkommando,
  - Beschluss der Bundesregierung, nicht auf die Forderung der Befreiung von Baader, Ensslin und anderen einzugehen,
  - Befreiung der Geiseln in Mogadischu durch die Anti-Terror-Einheit GSG 9,
  - Selbstmord der Stammheimer Gefangenen.

Ära Honecker

- Die ersten Jahre nach Honeckers Amtsantritt 1971 gelten in der verklärenden Rückschau für viele als die „goldenen Jahre" der DDR.

- Abkehr von einem abstrakten Fernziel und Ausrichtung auf die optimierende Gestaltung des **„real existierenden Sozialismus"**.

- Einheit von Wirtschafts- und Sozialpolitik
  - Ziel: Besserung der alltäglichen Lebensverhältnisse,
  - hohe Subventionierung von Wohnungsbau („Plattenbauten") und Grundnahrungsmitteln,
  - Vorrang der Konsumgüterindustrie vor Schwerindustrie.

- „Mutti"-Politik
  - Gegenüber der BRD fortschrittlichere Frauenpolitik, z. B. durch
  - Fristenlösung bei der Abtreibung,
  - bezahltes „Baby-Jahr" nach der Geburt,
  - umfassendes Kinderbetreuungsangebot („Krippen").

- Innenpolitische Liberalisierung
  - Tolerierung von westlicher Musik und Mode (Jeans),
  - mehr Freiheiten für Kulturschaffende.

- Internationale Anerkennung
  - De-facto Anerkennung durch die BRD,
  - Beitritt zur UNO (1973).

- Beurteilung
  - Die Politik Honeckers wirkte sich definitiv **stabilisierend** auf das System aus.
  - Die expansive Subventionspolitik führte jedoch zu massiver Verschuldung im Westen und in den 1980er Jahren zum **Staatsbankrott**.

Friedensbewegung

- „Second Cold War" ab 1979, ausgelöst durch
  - Stationierung von sowjetischen Mittelstreckenraketen in Osteuropa,
  - Einmarsch der Sowjetunion in Afghanistan.

- Reaktion des Westens: **NATO-Doppelbeschluss** (1979)
  - Verhandeln, um Abzug der Raketen zu erreichen,
  - Nachrüsten und Stationierung von Pershing-II-Raketen und Cruise-Missile-Marschflugkörpern in Westeuropa, falls Verhandlungen scheitern.

- Der Doppelbeschluss und der atomare Rüstungswettlauf führten zu einer internationalen Friedensbewegung. Laut Umfragen waren die Bevölkerungsmehrheiten in vielen westlichen Staaten gegen die Stationierung der Raketen.

- Friedensbewegung in Deutschland
  - Ablehnung der Nachrüstung als qualitativ neuem Aufrüstungsschritt zur Führung eines Angriffskriegs; Overkill-Kapazität reiche zur Abschreckung bereits aus; Forderung nach einseitiger Abrüstung,
  - Mobilisierung breiter Bevölkerungsschichten zur größten Demonstration in der Geschichte des Landes (500 000 am 10. Juni 1982 in Bonn),
  - Menschenketten,
  - Sitzblockaden an Stationierungsorten (z. B. Mutlangen).

- Politische Konsequenzen
  - Beschluss des Bundestages zur Stationierung der Raketen gegen die Mehrheit der Bevölkerung,
  - Abrücken von Teilen der Regierungsparteien SPD und FDP vom Doppelbeschluss, Kanzler Schmidt verlor seine Mehrheit im Bundestag,
  - **Konstruktives Misstrauensvotum** (1. Oktober 1982): Helmut Kohl (CDU) stürzte die Regierung Schmidt; der neue Kanzler bekannte sich uneingeschränkt zum NATO-Doppelbeschluss.

Helmut Kohls Kanzlerschaft

- Helmut Kohl prägte als Kanzler (1982–1998) die letzten Jahre der alten Bundesrepublik und die Anfangszeit des vereinten Deutschlands.

- Programmatischer Anspruch einer „**geistig-moralischen Wende**" nur teilweise erfüllt.

- Außenpolitische Kontinuität
  - Festhalten am NATO-Doppelbeschluss,
  - Fortsetzung der sozialliberalen Deutschlandpolitik.

- Wirtschaftlicher Kurswechsel
  - Besonders auf Drängen des Koalitionspartners (FDP) initiierte **Sparpolitik**, z. B. durch
  - Kürzung von Ausgaben im Bildungsbereich trotz steigender Schülerzahlen (Streichung des Schüler-BAFöGs, für Studierende nur noch als Darlehen),
  - Abbau sozialpolitischer Leistungen (z. B. Rentenkürzung, Einstellung des sozialen Wohnungsbaus),
  - stattdessen Steuersenkungen für Unternehmer, um Investitionsanreize zu schaffen.
  - Die Wirtschaftspolitik der Regierung Kohl/Genscher schaffte es jedoch nicht, die hohe Arbeitslosigkeit zu beseitigen.

- Gesellschaft
  - Ein konservativer Wertewandel konnte nicht herbeigeführt werden,
  - vielmehr kam es zu einer Pluralisierung der Lebensstile,
  - Erzeugung einer „**Zwei-Drittel-Gesellschaft**": Der Mehrheit der Menschen ging es gut, ein Drittel drohte, durch das soziale Raster zu fallen.

- „Kanzler der Einheit"
  - Durch Kohls beherzte Politik (z. B. 10-Punkte-Programm) konnte die **deutsche Wiedervereinigung** unerwartet schnell realisiert werden.

Ambivalentes deutsch-deutsches Verhältnis

- Internationaler Rahmen: dramatische Verschlechterung der Ost-West-Beziehungen durch den **Second Cold War** (1979–1985).

- Die beiden deutschen Staaten bemühten sich dennoch um eine **begrenzte Kooperation**, auch wenn Abgrenzungsbemühungen deutlich erkennbar waren.

- Abgrenzung
  - Geraer Forderungen Honeckers (1980): Anerkennung der DDR-Staatsbürgerschaft durch die BRD,
  - Erhöhung des Zwangsumtauschs für DDR-Besucher auf 25 DM (1981), um Besucherstrom einzudämmen.

- Kooperation
  - **Milliardenkredit** für die DDR (1983/84), um drohenden Staatsbankrott abzuwenden,
  - Gegenleistung der DDR: Abbau der Selbstschussanlagen an der innerdeutschen Grenze,
  - erster Staatsempfang für Honecker (1987) in der Bundesrepublik.

- Die deutsche Teilung wurde von den Menschen als Normalität verstanden, die öffentliche Betonung der Wiedervereinigung wirkte wie ein kaum glaubhaftes Lippenbekenntnis.

Außenpolitische Faktoren

- Gorbatschows **Reformpolitik**
  - Ende des Wettrüstens, internationales Tauwetter,
  - **Sinatra-Doktrin**: Die kommunistischen Satellitenstaaten sollten ihren eigenen Weg finden (vgl. „I did it my way" aus dem Sinatra-Song „My Way"),
  - Ende der Bestandsgarantie für die DDR,
  - Aufforderung zu Reformen: „Wer zu spät kommt, den bestraft das Leben" (Gorbatschow anlässlich seines Besuchs zum 40. Jahrestag der DDR am 7. Oktober 1989).

- Demokratische Revolution in Polen
  - Verhängung des Kriegsrechts (1981) konnte langfristig demokratische Oppositionsbewegung nicht unterdrücken,
  - Gewerkschaft **„Solidarność"** ertrotzte durch Streiks Gespräche am Runden Tisch mit Regierungsvertretern zur Vorbereitung von Wahlen (Februar 1989).

- **Öffnung des Eisernen Vorhangs**
  - Reformprozess in Ungarn: Ablösung des Kommunisten Kádár,
  - Öffnung der ungarischen Grenze zu Österreich (Mai 1989).

- Reaktionen der DDR
  - Selbst-Isolation,
  - „Muss man renovieren, wenn der Nachbar sein Haus tapeziert?" (DDR-Chefideologe Hager).

Innerer Zusammenbruch der DDR

- Staatsbankrott
  - Honeckers „Einheit von Sozial- und Wirtschaftspolitik“ war nicht finanzierbar,
  - chronischer Devisenmangel,
  - Milliardenkredite aus der BRD (1983/84) hatten Implosion lediglich verschoben,
  - interne Analyse der DDR-Führung: allein Zinsen für 1989 nur durch radikale Absenkung des Lebensstandards zahlbar.

- Wirtschaftliche Schwäche
  - Mangelnde Produktivität,
  - technologische Rückständigkeit,
  - keine weltmarktfähige Konkurrenz der DDR-Produkte,
  - Probleme der Planwirtschaft.

- Zerfall der Städte und massive Umweltverschmutzung

- Wachsender Unmut der Bevölkerung
  - Anstieg der Ausreiseanträge trotz Repressalien,
  - Bürger trauten sich immer mehr, Opposition zum Staat öffentlich zu zeigen.

Jahr	Antagsteller	Erstantrag-steller	Rücknahme	Ausreisende
1977	–	8 400	800	3 500
1980	21 500	9 800	4 700	4 400
1983	30 400	14 800	5 600	6 700
1986	78 000	50 600	10 800	16 000
1989 (bis 30.6.)	125 400	23 000	1 400	34 600

Quelle: Stefan Wolle, Die heile Welt der Diktatur. Alltag und Herrschaft in der DDR. 1971-1989, Berlin: Ch. Links Verlag 1998, S. 285.

Friedliche Revolution 1989

- Offener Protest gegen die Wahlfälschung bei den Kommunalwahlen im Mai (angeblich 98,85% Zustimmung zur Einheitsliste).

- Abstimmung mit Füßen
  - Massenexodus über die offene ungarische Grenze (August/September),
  - Zuspitzung der Flüchtlingsproblematik durch Besetzung der BRD-Botschaften in Prag und Warschau (September/Oktober),
  - Außenminister Genscher (BRD) erreichte die Ausreise der Flüchtlinge durch DDR-Gebiet in die BRD.

- Montagsdemonstrationen
  - Ca. 1200 Menschen forderten „Reisefreiheit statt Massenflucht" (04. September),
  - **Wunder von Leipzig** (9. Oktober 1989): DDR-Regierung scheute vor Gewalt zurück, obwohl alle Vorbereitungen zum Militäreinsatz getroffen waren. Dies war der Anfang vom Ende, die Staatsmacht hatte kapituliert.

- Rettungsversuche der SED scheiterten
  - Entmachtung Honeckers durch politische Führungsriege (18. Oktober),
  - Vertrauenskrise konnte nicht überwunden werden, da Nachfolger Egon Krenz für Kontinuität der Politik stand.

- **Fall der Mauer (9. November 1989)**
  - Pressesprecher Schabowski übersah die Sperrfrist für die geplante neue Ausreiseregelung,
  - unglaubliches Versagen der Kommunikations- und Befehlsstrukturen,
  - Politbüro in Klausurtagung erfuhr nichts von der dramatischen Entwicklung,
  - eigenmächtiges Öffnen des Grenzübergangs an der Bornholmer Straße nach West-Berlin durch den dort wachhabenden Offizier.

Kohls 10-Punkte-Programm

- Mit dem Fall der Mauer war die deutsche Wiedervereinigung noch keineswegs ausgemachte Sache.

- Vage Andeutung Gorbatschows, dass die Wiedervereinigung eine innerdeutsche Angelegenheit sei (15. November), löste deutschlandpolitische Kontroverse aus.

- Modrows Angebot einer Konföderation (Jahreswende 1989/90)
  - Nach dem Rücktritt von Egon Krenz formulierte der gemäßigte neue Regierungschef Modrow seine Vision einer dauerhaften **Zweistaatlichkeit**:
  - Vierstufenplan über eine Vertragsgemeinschaft mit einer Wirtschafts-, Währungs- und Verkehrsunion, danach gemeinsame Organe in bestimmten Bereichen,
  - Ziel eines einheitlichen Staatsgebildes nach dem Muster einer deutschen Föderation oder eines deutschen Bundes,
  - Bedingung: militärische Neutralität.

- Kohl überraschte die Weltöffentlichkeit mit seinem 10-Punkte-Programm (28. November 1989).
  - Bereitschaft zur Zusammenarbeit mit der DDR,
  - Vertragsgemeinschaft und Konföderation,
  - Endpunkt der Entwicklung ist die deutsche **Wiedervereinigung**,
  - Einbindung Gesamtdeutschlands in einen europäischen Prozess.
  - Kohl formulierte keinen Zeitplan, sondern eine rein politische Zielvorstellung, die sich aber dynamisierend auf die Entwicklung auswirkte.

- Reaktionen
  - Die britische Premierministerin Margaret Thatcher und der französische Staatschef François Mitterrand fühlten sich überrumpelt und pochten auf die **alliierten Vorbehaltsrechte** bezüglich der Wiedervereinigung.
  - US-Präsident Bush stand Kohls Programm positiv gegenüber.

DDR in der Übergangsphase

- Auch nach dem 9. November 1989 war der **fortgesetzte Zerfall** der DDR spürbar.
  - Täglich verließen 200 000 DDR-Bürger das Land,
  - verzweifelte Versuche der SED, das System zu stabilisieren (z. B. Rücktritt von Egon Krenz; Volkskammer beschloss, Führungsanspruch der SED aus der Verfassung zu streichen, Parteiausschluss von Honecker) blieben ohne Wirkung.

- Einrichtung des „Rundes Tisches“ (Dezember 1989)

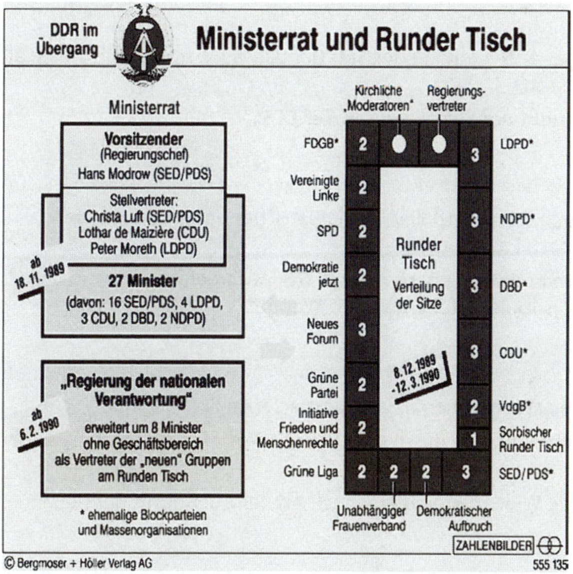

  - Regierung Modrow trat in einen Dialog mit den bisher kriminalisierten Oppositionsgruppen,
  - der „Runde Tisch“ wurde zu einer Nebenregierung und übernahm die Funktion eines Kontrollorgans der Regierung.

- Vorziehen der Volkskammerwahlen von Mai auf März 1990

Politische Alternativen innerhalb der DDR (Frühjahr 1990)

- Bürgerrechtsbewegungen
  - Die Bürgerrechtsbewegungen (z.B. Neues Forum, Demokratie Jetzt), sammelten sich im „Bündnis 90“ und warnten vor dem Ausverkauf der DDR,
  - sie setzten sich für eine **demokratische Variante** des **Sozialismus** in der DDR ein,
  - keine finanzielle Unterstützung aus dem Westen,
  - politisch unerfahren im Wahlkampf.

- PDS
  - Demokratischer Neuanfang der SED (Januar 1990), freilich mit vielen alten Parteigenossen,
  - Ziel: Kontinuität des Sozialismus in der DDR.

- SPD
  - Neugründung mit finanzieller und logistischer Unterstützung der Schwesterpartei aus dem Westen,
  - Ziel: **Wiedervereinigung** nach **Art. 146 GG**: Ausarbeitung einer neuen Verfassung; soziale Abfederung der „Wende“.

- CDU
  - Politisch belastet als ehemalige Blockpartei im SED-Regime,
  - massive Unterstützung durch die CDU des Westens und Bundeskanzler Helmut Kohl,
  - Ziel: schnelle **Wiedervereinigung** nach **Art. 23 GG**: Beitritt der neuen Länder.

Volkskammerwahl (März 1990)

- Wegen der nicht enden wollenden Abwanderung vieler DDR-Bürger in Richtung Westen und der weiterhin dramatischen Wirtschaftslage wurde die Wahl vom Mai auf März 1990 vorverlegt.

- Als Favorit in den Prognosen galt die SPD, insbesondere wegen ihrer politischen Unbelastetheit. Ihre Strategie hinsichtlich der Wiedervereinigung (neue gemeinsame Verfassung) wertete die DDR als gleichgewichtigen Partner auf, kostete aber Zeit.

- Entscheidend waren Bundeskanzler Kohls Versprechen wenige Tage vor der Wahl, die der **„Allianz für Deutschland"** (CDU) zum überraschenden Sieg verhalfen:
  - Schnelle Wiedervereinigung,
  - sofortiger Umtausch der Privatvermögen der DDR-Bürger im Verhältnis 1:1.

Wahlplakat der CDU

- Die Träger der friedlichen Revolution (Bürgerrechtsgruppen) blieben auf der Strecke. Sie erhielten nur 2,9% aller Stimmen.

Staats- und Einigungsvertrag

- Der **deutsch-deutsche Staatsvertrag** (1. Juli 1990) regelte die Einführung einer Wirtschafts-, Währungs- und Sozialunion.

- Wirtschaftsunion
  - Ende der Planwirtschaft in der DDR,
  - Übernahme der sozialen Marktwirtschaft mit ihren Prinzipien des freien Wettbewerbs und der Freizügigkeit von Menschen, Gütern und Kapital.

- Währungsunion
  - DM wurde alleinige Währung des gesamten Staatsgebietes,
  - Umwandlung der Löhne, Renten, Mieten, Guthaben und Schulden bis zu 6000 Mark im Verhältnis 1:1.

- Sozialunion
  - Übertragung des bundesrepublikanischen Sozialsystems (Kranken-, Arbeitslosen-, Rentenversicherung etc.) auf die DDR,
  - Übernahme des westdeutschen Arbeits- und Sozialrechts in den neuen Ländern.

- **Einigungsvertrag** (31. August 1990)
  - Der Einigungsvertrag klärte die juristischen Grundlagen der Wiedervereinigung, z. B. Beitritt der neuen Länder nach Art. 23 GG.
  - Die Bundesrepublik übernahm Vermögen und Schulden der DDR. Sie verpflichtete sich zur Anschubfinanzierung der dortigen Sozialsysteme.

- Beurteilung
  - Wiedervereinigung in der DDR teils als „Anschluss" wahrgenommen,
  - einseitige Übertragung von bundesrepublikanischen Wirtschafts-, Rechts- und Sozialsystemen,
  - (fast) keine Berücksichtigung der Errungenschaften der DDR.

Zwei-plus-Vier-Vertrag

- Der Zwei-plus-Vier-Vertrag (12. September 1990) zwischen den beiden Teilen Deutschlands und den vier Siegermächten des Zweiten Weltkriegs (USA, England, Frankreich und der UdSSR) regelte die **internationalen Aspekte** der **Wiedervereinigung**.

- Verpflichtungen Deutschlands
  - Anerkennung der Grenzen des Potsdamer Abkommens, d.h. auch der Westverschiebung Polens einschließlich der Oder-Neiße-Linie als deutsch-polnischer Grenze,
  - Verzicht auf Gebietsansprüche,
  - Verzicht auf ABC-Waffen,
  - Beschränkung der deutschen Streitkräfte auf 370 000 Mann.

- Verpflichtungen der Siegermächte
  - Abzug der sowjetischen Truppen aus der DDR,
  - Verbot der Stationierung nicht-deutscher NATO-Truppen auf dem Gebiet der DDR,
  - Verzicht der Westmächte auf die Stationierung von Atomwaffen in den neuen Ländern,
  - Beendigung der Hoheitsrechte der Alliierten über Deutschland und Berlin,
  - uneingeschränkte Souveränität des geeinten Deutschlands.

- Beurteilung
  - Der Zwei-plus-Vier-Vertrag ersetzt einen **Friedensvertrag** der Siegermächte mit Deutschland, den es 1945 nicht gegeben hatte.
  - Der Vertrag beendete damit für Deutschland die Nachkriegsgeschichte.

Deutsche Einheit – Erfolge und Probleme

- Die deutsche Einheit im Jahre 1990 war mit großen Hoffnungen und Erwartungen verbunden, die auch von Politikern genährt wurden.
  - Willy Brandt: „Jetzt wächst zusammen, was zusammengehört."
  - Bundeskanzler Kohl versprach „blühende Landschaften in drei bis fünf Jahren".

- Erfolge
  - Enorme Produktivitätssteigerung im Osten,
  - fast vollständige **Angleichung** der Lebensverhältnisse für breite Bevölkerungsschichten (z. B. Ausstattung mit langlebigen Konsumgütern).

- Probleme der inneren Einheit
  - „Abwicklung" der DDR-Wirtschaft durch die **Treuhand** war viel schwieriger als gedacht; 30% aller Betriebe waren nicht sanierungsfähig,
  - zunächst wenig Investitionen aus dem Westen wegen ungeklärter Eigentumsfragen,
  - **Arbeitslosigkeit** in den neuen Ländern: massiver Anstieg in den 90er Jahren, heute immer noch höher als in der „alten" Bundesrepublik,
  - soziale Probleme (bis heute höhere Zahlen von Hartz-IV-Empfängern und größeres Armutsrisiko im Osten),
  - weiterhin bestehendes Lohngefälle,
  - „Aufschwung Ost" trägt sich immer noch nicht selbst,
  - Vorurteile zwischen „Ossi" und „Besserwessi".

- Folgen
  - Enttäuschung,
  - Rechtsradikalismus in den neuen Ländern,
  - fortgesetzte Abwanderung.

- Fazit: Innere Einheit noch nicht vollständig gelungen.

Ursachen

- Grundsätzlich bestand seit dem **Epochenjahr 1917** (Kriegseintritt der USA, Revolution in Russland) zwischen den USA und der UdSSR ein **Ost-West-Konflikt** auf mehreren Ebenen.
  - Ideologischer Systemkonflikt zwischen Kapitalismus und Kommunismus,
  - machtpolitische Auseinandersetzung, z. B. durch amerikanisches Sendungsbewusstsein vs. Ziel einer sozialistischen Weltrevolution.

- Wachsendes **Misstrauen** in der Anti-Hitler-Koalition, z. B. durch Stalins Politik der vollendeten Tatsachen und der Sowjetisierung Osteuropas.

- Folgende Faktoren ließen die Kooperation nach dem Zweiten Weltkrieg vollends brüchig werden und führten zu einer offenen Konfrontation.
  - Politische Dominanz der USA in der UNO,
  - wirtschaftliche Dominanz der USA (z. B. Bretton-Woods-System: Dollar als globale Leitwährung, Übergewicht in der Weltbank, IWF),
  - **Atomwaffenmonopol** der Amerikaner,
  - Scheitern der gemeinsamen alliierten Besatzungspolitik in Deutschland; die **deutsche Frage** verschärfte den Konflikt, da die USA und die UdSSR hier direkt aufeinandertrafen,
  - Ausgreifen der Sowjets auf Griechenland und die Türkei, die eigentlich nicht in ihrer Interessensphäre lagen.

- **Beginn des Kalten Krieges (1947)** durch ideologische, wirtschaftliche und sicherheitspolitische Konfrontationspolitik auf beiden Seiten.

- USA
  - **Truman-Doktrin**: Beistandsgarantie gegen kommunistischen Einfluss,
  - **Containment-Politik**: sicherheitspolitische Strategie zur Eindämmung,
  - **Marshall-Plan** als wirtschaftliche Wiederaufbauhilfe für Europa.

- Sowjetunion: **Zwei-Lager-Theorie** Schdanows, Gründung der Kominform, Rat für gegenseitige Wirtschaftshilfe (1949).

Koreakrieg

- Der Koreakrieg (1950–1953) war der erste **Stellvertreterkrieg** des Kalten Krieges.

- Ausgangslage
  - Teilung des Landes nach 1945 in ein amerikanisch besetztes Südkorea und in ein sowjetisch besetztes Nordkorea; Abzug der Besatzungstruppen im Jahre 1949,
  - Sieg des Kommunismus in China 1949 unter Mao Zedong.

- Kriegsverlauf
  - Einmarsch des kommunistischen Nordkoreas in den Süden,
  - Billigung und materielle Unterstützung des Nordens durch China und die UdSSR,
  - Gegenangriff durch US-geführte UN-Truppen: Zurückdrängung der nordkoreanischen Truppen und Eroberung nordkoreanischen Gebietes,
  - militärischer Eingriff Chinas in den Krieg, um den kommunistischen „Brüdern" im Norden des Landes zu helfen,
  - US-Befehlshaber MacArthur sprach sich für den Einsatz von Atomwaffen aus, was Präsident Eisenhower jedoch ablehnte,
  - Waffenstillstand und Einrichtung einer Demarkationslinie entlang des 38° Breitengrades (wie vor dem Krieg),
  - Nord- und Südkorea sind bis heute geteilt; Südkorea wird seitdem von den USA unterstützt.

- Bedeutung
  - Tief sitzender Schock im Westen über die Ausbreitung des Kommunismus,
  - Vorbote einer veränderten Außenpolitik: Wandel von einer Containment-Strategie zu einer aggressiveren **Rollback-Politik** der USA in den 1950er Jahren,
  - Beschleunigung der Blockbildung.

Blockbildung

- Der Kalte Krieg führte innerhalb weniger Jahre zu einer **bipolaren Weltordnung**, die von den Supermächten USA und UdSSR dominiert wurde.

- Der „**eiserne Vorhang**", die Grenze zwischen den beiden Blöcken, verlief quer durch Europa.
  - Zum Ostblock gehörten die sowjetischen Satellitenstaaten Ost- und Südosteuropas einschließlich der DDR.
  - In diesen sogenannten Volksdemokratien herrschten kommunistische Diktaturen nach sowjetischem Vorbild. Versuche, eigene Wege zu gehen, wurden mit Panzergewalt unterdrückt (DDR 1953, Ungarn 1956).
  - Der Westen Europas zeichnete sich durch demokratischen Meinungspluralismus und Marktwirtschaft aus.

- Höhepunkt und Abschluss der Blockbildung bildeten die beiden Militärbündnisse der **NATO** und des **Warschauer Paktes** (1955).

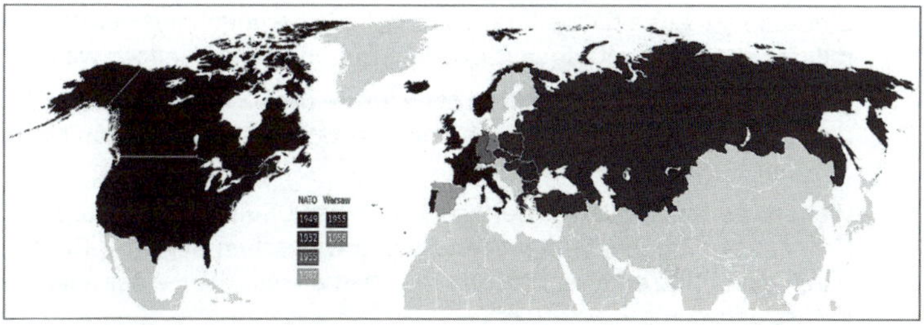

- Nach Jahren der wachsenden Spannung (vgl. Berlin-Krise 1948, Koreakrieg 1950ff.) setzte mit der militärischen Arrondierung der Hemisphären eine zwar angespannte, aber doch spürbare Beruhigung ein.
  - Chruschtschow formulierte 1956 erstmals die Idee einer **friedlichen Koexistenz.**
  - Mit Kennedys Machtantritt 1961 setzte auch in den USA ein **geopolitischer Realismus** ein, der den Status quo akzeptierte.

Kubakrise

- Anfang der 60er Jahre spitzte sich der Kalte Krieg erneut zu.
  - Im Zusammenhang mit der zweiten Berlin-Krise (1958–1961), die durch den Bau der Berliner Mauer beendet wurde, standen sich Panzer der Russen und Amerikaner am Checkpoint Charlie in Berlin gegenüber.
  - Die Kubakrise (1962) war der **Höhe**- und **Wendepunkt** des **Kalten Krieges**.

- Verlauf
  - Die eigentliche Krise dauerte 13 Tage.
  - Am 14. Oktober 1962 entdeckten die Amerikaner bei Aufklärungsflügen über Kuba Abschussrampen für nuklear bestückte, sowjetische Mittelstreckenraketen.
  - Im Ringen um eine politische oder militärische Antwort gab es für die USA mehrere Optionen: taktische Luftangriffe, erweitert durch eine Invasion auf Kuba oder eine Verhandlungslösung.
  - Präsident Kennedy entschied sich für eine Quarantäne Kubas, d. h. die Blockade auf Kuba für weitere militärische Lieferungen aus der UdSSR; militärische Vorbereitungen für andere Optionen liefen jedoch weiter.
  - Trotz der äußerst angespannten Lage führte die US Air Force ohne Wissen des Präsidenten mehrere Atombombentests durch und gab damit den Sowjets ein verheerendes Signal.
  - Weitere Zwischenfälle wie der Abschuss eines US-Aufklärungsflugzeugs bzw. das erzwungene Auftauchen eines sowjetischen Begleit-U-Bootes durch einen US-Zerstörer brachten die Welt an den Rand einer **nuklearen Katastrophe.**
  - Chruschtschow bot schließlich den Abzug der Raketen an, sofern die USA auf eine Invasion Kubas verzichteten.
  - In Geheimverhandlungen verpflichteten sich die Amerikaner im Gegenzug auf den (späteren) Abzug ihrer Jupiter-Raketen aus der Türkei.

- Die Kubakrise führte zu Maßnahmen der **Entspannung**, die sicherstellen sollten, dass ein atomarer Krieg in Zukunft verhindert werden könnte.

Phasen der Entspannung (1963–1979)

- Begrenzte Kooperation (1963–1969)
  - Die nukleare Pattsituation, in der niemand mehr einen Atomkrieg gewinnen konnte, und insbesondere die Kubakrise, die die Welt an den Rand eines dritten Weltkrieges gebracht hatte, machten Maßnahmen zur Friedenssicherung unabdingbar. Neuerungen in der unmittelbaren Folge waren:
  - Einrichtung eines „heißen Drahtes" zwischen dem Weißen Haus und dem Kreml (1963),
  - Atomteststoppvertrag (1963),
  - Atomwaffensperrvertrag (1968) über die Nichtverbreitung von Atomwaffen.

- Begrenzte Aufrüstung (1969–1975)
  - Der **SALT-I-Vertrag** (1972) war kein Abrüstungsvertrag, aber er limitierte die weitere Aufrüstung, indem er Obergrenzen für Raketensysteme festlegte,
  - Vertrag über die Verhinderung eines Atomkrieges (1973),
  - Beginn der Verhandlungen über konventionelle Abrüstung (MBRF).

- Höhepunkt der Entspannung: **KSZE-Schlussakte** (1975)
  - Die Konferenz für Sicherheit und Zusammenarbeit in Europa (KSZE) legte in drei „Körben" Grundprinzipien der friedlichen Koexistenz fest.
  - Korb I: Unverletzlichkeit der Grenzen, Nichteinmischung in die inneren Angelegenheiten eines anderen Staates,
  - Korb II: stärkere wirtschaftliche und technologische Zusammenarbeit,
  - Korb III: humanitäre Verbesserungen, z. B. Grundrechte in allen Unterzeichnerstaaten.

- Das **SALT-II-Abkommen** (1979) mit genaueren Abrüstungsvereinbarungen wurde wegen der erneuten Eiszeit zwischen den Supermächten nicht ratifiziert.

Vietnamkrieg

- Trotz des weltpolitischen Tauwetters gab es Krisen und Spannungen zwischen den Supermächten, die das neue Verhältnis gefährdeten.

- Der Vietnamkrieg (1955–1975) war ein **Stellvertreterkrieg**, in dem die Amerikaner den Süden des Landes unterstützten, während die UdSSR das kommunistische Nordvietnam unter Ho Chi Minh förderte.

- Verlauf
  - Ende der französischen Kolonialherrschaft über Indochina und Teilung Vietnams (1954),
  - amerikanische **Domino-Theorie**: Wenn Vietnam kommunistisch würde, fallen andere Staaten Asiens auch ins sowjetische Lager,
  - zunächst nur Endsendung von US-Militärberatern und Waffen nach Südvietnam, nach dem „Zwischenfall von Tonkin" (1964) direktes militärisches Engagement der USA,
  - geheime Infiltration des Südens durch nordvietnamesische Truppen (Vietcong) über den Ho-Chi-Minh-Pfad,
  - Guerillakrieg: Trotz militärischer Überlegenheit und des Einsatzes von Napalm bzw. „Agent Orange" konnten die USA den Krieg nicht gewinnen, da sich die nordvietnamesischen Soldaten in den Dörfern versteckten; hohe Verluste unter der Zivilbevölkerung,
  - weltweite Proteste gegen die amerikanische Kriegsführung,
  - schrittweiser Abzug der USA (1969–1975),
  - Eroberung des Südens durch Nordvietnam und Wiedervereinigung des Landes.

- Bedeutung
  - „Trauma" der USA: erster Krieg, der nicht gewonnen werden konnte,
  - Scheitern der amerikanischen Rollback bzw. Containment-Politik.

Breschnew-Doktrin

- Außenpolitische Handlungsmaxime der Sowjetunion zwischen 1968 und 1988, die von Staats- und Parteichef Leonid Breschnew formuliert wurde.
  - Ideologischer Führungsanspruch der UdSSR im Ostblock,
  - „beschränkte" Souveränität der sowjetischen Satellitenstaaten Ost- und Südosteuropas,
  - Eingreifen der UdSSR bei Abweichen vom Sozialismus.

- Die Breschnew-Doktrin rechtfertigte rückwirkend die Niederschlagung des **„Prager Frühlings"** wenige Monate zuvor (August 1968).
  - Die internationale Entspannung der 60er Jahre hatte auch im Ostblock zu Auflockerungserscheinungen geführt,
  - Alexander Dubček versuchte, einen „Sozialismus mit menschlichem Antlitz" zu schaffen,
  - Besetzung der ČSSR durch sowjetische Truppen,
  - gewaltsame Unterdrückung des Reformkurses.

- Die Breschnew-Doktrin diente auch der Rechtfertigung des Einmarsches in Afghanistan (1979).

- Sie wurde unter Gorbatschow fallengelassen und durch die „Sinatra-Doktrin" ersetzt.

Second Cold War (1979–1983)

- Begriffsgeschichte
  - Bis 1989 bezeichnete man als Kalten Krieg die Phase der Konfrontation der Supermächte (1947–1962), die durch die Entspannungspolitik beendet zu sein schien.
  - Die erneute „Eiszeit“ zwischen den USA und der UdSSR wurde daher zeitgenössisch als „second cold war“ empfunden.

- Ursachen
  - Stationierung sowjetischer Mittelstreckenraketen in Osteuropa seit Mitte der 70er Jahre,
  - Einmarsch der UdSSR in Afghanistan (1979).

- Auswirkungen
  - NATO-Doppelbeschluss (1979): Nachrüsten, falls Verhandlungslösung zum Abzug der sowjetischen Mittelstreckenraketen scheitern sollte,
  - Stationierung von Pershing II und Cruise Missiles in Westeuropa (1983),
  - Boykott der Olympischen Spiele von Moskau (1980) und Los Angeles (1984) durch das jeweils andere politische Lager.

- Höhepunkt der Spannungen 1983
  - Psychologische Kriegsführung: Seit 1981 flogen US-Bomber immer wieder nahe an den sowjetischen Luftraum heran,
  - US-Präsident Reagan verkündete den Bau eines weltraumgestützten Raketenabwehrsystems (SDI), das die sowjetische Zweitschlagsfähigkeit eliminiert hätte,
  - NATO probte mit dem Manöver **„Able Archer 83“** unter möglichst realistischen Bedingungen den Atomkrieg;
  - Glaube der Sowjets, die NATO würde einen nuklearen Erstschlag vorbereiten; der **Warschauer Pakt mobilisierte** seine Truppen,
  - **Fehlalarm** des sowjetischen Frühwarnsystems, das den Start von amerikanischen Interkontinentalraketen meldete.

Gorbatschows Reformpolitik

- Gorbatschows Regierungszeit (1985–1991) war eine Zeitenwende für die Sowjetunion und die ganze Welt.

- Ausgangslage bei seinem Machtantritt 1985
  - Wirtschaftliche Probleme aufgrund von Planwirtschaft und mangelnder Produktivität,
  - UdSSR konnte im Rüstungswettlauf mit den USA, insbesondere gegenüber Reagans Aufstockung des Militärhaushaltes und des geplanten Raketenabwehrsystems (SDI), nicht mehr mithalten,
  - Rüstungsausgaben mussten dringend zugunsten von Reformen gekürzt werden.

- Innere Reform der Sowjetunion
  - **Perestroika**: Umgestaltung und Modernisierung von Gesellschaft, Wirtschaft und Politik, z. B. vorsichtige Demokratisierung, Einschränkung der Zentralverwaltungswirtschaft durch marktwirtschaftliche Elemente,
  - **Glasnost**: neue Offenheit, z. B. Meinungspluralismus.

- Außenpolitische Konsequenzen
  - Fallenlassen der Breschnew-Doktrin und Ersetzung durch die **„Sinatra"-Doktrin** (nach der Zeile „I did it my way" aus dem Lied „My Way"): Den sozialistischen Satellitenstaaten wurde ein eigener Weg zugestanden.
  - **INF-Vertrag** (1987): Abzug und Verschrottung aller Mittelstreckenraketen,
  - Aufnahme der Verhandlungen zur Verminderung der nuklearen Trägersysteme (1985); Ergebnis: **START**-I-Vertrag (1991).

- Bewertung
  - Im Westen wurde Gorbatschow gefeiert (**Friedensnobelpreis** 1990),
  - in der Sowjetunion werfen die Altkommunisten ihm bis heute vor, dass er ohne Not den Weltmachtstatus der UdSSR durch die zugelassene Auflösung des Ostblocks verschenkt habe.

Ende des Kalten Krieges

- Das Ende des Kalten Krieges (1989/91) wird markiert durch die Überwindung der deutschen Teilung, den Zerfall des Ostblocks und das Ende der Sowjetunion.

- **Deutsche Wiedervereinigung** (1989/1990)
  - Auch wenn England und Frankreich Vorbehalte gegen ein neues Machtzentrum in der Mitte Europas hatten, lag der Schlüssel zur deutschen Einheit in Moskau.
  - Bereits Ende 1989 bezeichnete Gorbatschow die Wiedervereinigung als innerdeutsche Angelegenheit. Beim Treffen im Kaukasus (Juli 1990) sagte der sowjetische Generalsekretär zu, dass das vereinte Deutschland Mitglied der NATO sein könne.
  - Gorbatschow erhielt als Gegenleistung einen Milliardenkredit.
  - Zwei-plus-Vier-Vertrag beendete die Nachkriegszeit für Deutschland.

- **Zerfall des Ostblocks** (1989/1990)
  - Weitgehend friedliche Revolutionen im Osten Europas, z. B. „Samtene Revolution" in der ČSSR, in Rumänien etc. All diese Länder wendeten sich vom Sozialismus ab.

- **Ende der Sowjetunion** (1990/1991)
  - Ende der Einparteienherrschaft der KPdSU (1990),
  - durch den Augustputsch (Entführung Gorbatschows) ging die Macht in die Hände der russischen Republik unter Präsident Jelzin über, der den Putsch niederschlug,
  - zwischen Mai und Dezember 1991 erklärten sich die sowjetischen Teilrepubliken unabhängig,
  - Präsidenten von Russland, Weißrussland und der Ukraine vereinbarten im Vertrag von Minsk (8. Dezember 1991) die Auflösung der Sowjetunion,
  - Rücktritt Gorbatschows als Präsident der Sowjetunion (25. Dezember 1991).

Rüstungswettlauf

- Um gegenüber dem gegnerischen Block im Vorteil zu sein, kam es zu einer (fast) ununterbrochenen Aufrüstungsspirale.

Anzahl atomarer Sprengköpfe (1947–1992)

Jahr	USA	Zuwachs/ Abnahme	Sowjetunion	Zuwachs/ Abnahme
1947	32	+ 26	0	0
1952	1 005	+ 903	50	+ 50
1957	6 444	+ 5 439	660	+ 610
1962	27 387	+ 20 943	3 322	+ 2 662
1967	31 232	+ 3846	8 339	+ 5 017
1972	27 912	– 3 321	14 478	+ 6 139
1977	25 722	– 2 190	23 044	+ 8 566
1982	23 708	– 2 014	33 952	+ 10 908
1987	24 344	+ 636	43 000	+ 9 048
1992	14 747	– 9 597	33 000	– 9 000

Zahlen nach: Robert S. Norris, Hans M. Kristensen: Global nuclear stockpiles, 1945-2006, in: Bulletin of Atomic Scientists, Volume 62 July, 2006, S. 66.

- Charakteristika der amerikanischen Rüstungspolitik
  - Anfängliches Atomwaffenmonopol, Überlegenheit hinsichtlich strategischer Atomwaffen, Ausbau v. a. Ende 50er/Anfang 60er Jahre
  - Reduktion in Entspannungsphasen, insbesondere nach 1987.

- UdSSR
  - Deutliche Unterlegenheit der Sowjetunion in den ersten Nachkriegsjahren, aber konventionelle Übermacht,
  - Atombombe seit 1949, Wasserstoffbombe seit 1954,
  - „Gleichgewicht des Schreckens" seit Ende der 50er Jahre (mit der Entwicklung sowjetischer Interkontinentalraketen),
  - erst in den 70er Jahren besaß die Sowjetunion ähnlich viele atomare Sprengköpfe wie die USA.

Nukleare Strategien der NATO

- Die eigene Bewaffnung, die des Gegners sowie technologische und finanzielle Möglichkeiten prägten die militärischen Strategien im Wandel der Zeit.

- Strategie der **massiven Vergeltung** („assive retaliation"), offiziell seit 1952
  - Ausspielen des nuklear-strategischen Monopols der USA,
  - Antwort auf Angriff des Warschauer Pakts durch umfassenden atomaren Vergeltungsschlag.

- Prinzip der **gegenseitigen Abschreckung** („mutually assured destruction") seit Ende der 50er Jahre
  - Als Reaktion auf die nukleare Aufrüstung der Sowjetunion musste sichergestellt werden, dass die NATO über unzerstörbare Zweitschlagskapazitäten verfügte (z.B. atomar bestückte U-Boote).
  - Sowohl die USA als auch die UdSSR waren sich darüber im Klaren, dass ein atomarer Erstschlag die eigene Vernichtung bedeutet hätte.

- Strategie der **angemessenen Antwort** („flexible response"), offiziell seit 1968
  - Antwort auf Angriff des Warschauer Paktes auf verschiedenen Ebenen möglich: konventionell, unter Einsatz taktischer Atomwaffen oder – als letzte Option – mit Hilfe des strategischen Atomwaffenpotenzials.

- Strategien zur Führung eines Atomkrieges in den 80er Jahren
  - Reagans Ankündigung eines weltraumgestützten Raketenabwehrschildes (SDI) zielte darauf, die sowjetische Zweitschlagskapazität zu zerstören. Dies hätte die USA in die Lage versetzt, einen nuklearen Erstschlag durchzuführen, ohne sich der Gefahr der eigenen Zerstörung auszusetzen.
  - Finanzielle und technologische Probleme wie auch das Ende des Kalten Krieges führten dazu, dass das Programm nie umgesetzt wurde.

Von der bipolaren Ordnung zur neuen Unübersichtlichkeit

- Bis zum Ende des Kalten Krieges (1991) war die Welt in eine westliche Hemisphäre unter Führung der USA und eine östliche Hälfte, die von der Sowjetunion dominiert wurde, klar geordnet.

- Vergleichbar hohe Sicherheit
  - Auch wenn der Kalte Krieg mitunter „heiß" zu werden drohte (z. B. während der Kubakrise 1962 oder auf dem Höhepunkt des „Second Cold War" 1983), waren sich beide Supermächte stets der Gefahr der eigenen Vernichtung durch die gegenseitige atomare **Abschreckung** bewusst.
  - Verlässliches internationales Konfliktmanagement durch Moskau und Washington, die ihren Einfluss auf ihre Verbündeten geltend machten,
  - lokale und regionale Konflikte wurden zugunsten einer globalen Frontstellung unterdrückt.

- Neue Unübersichtlichkeit
  - Der Zusammenbruch des Ostblocks und der Sowjetunion hat nicht zu einer friedlicheren Welt geführt.
  - Im Gegenteil, neu aufgebrochene und schwer lösbare Konflikte erwecken den Eindruck, dass wir in einer kaum noch durchschaubaren und unsicheren Welt leben. Beispiele hierfür sind:
  - Bürgerkriege, z. B. in Syrien,
  - **unkalkulierbare** Regionalmächte, z. B. Nordkorea, welches Anfang 2016 erfolgreich eine Wasserstoffbombe testete,
  - drohender **„Kampf der Kulturen"** (Samuel Huntington).

- Zukunft einer multipolaren Welt?
  - Über ein Jahrzehnt nach Ende des Kalten Krieges stellten die USA die einzig verbliebene Weltmacht dar.
  - Es kommt aber immer mehr zu einer multipolaren Ordnung durch aufstrebende Mächte wie China, Indien oder die Europäische Gemeinschaft. Auch Russland dürfte wieder dazu zählen.

Globale Bedrohung durch Terrorismus

- Charakteristika des Terrorismus im 21. Jahrhundert
  - Internationale Vernetzung,
  - global operierend,
  - zielt auf Einschüchterung der Bevölkerung,
  - Selbstmordattentate mit möglichst hoher Zahl ziviler, unschuldiger Opfer,
  - Täter mit **radikal-islamischem** Hintergrund,
  - Nadelstiche gegen die „freie" westliche Welt.

- Anschläge vom 11. September 2001
  - **Al-Qaida-Terroristen** brachten vier Passagierflugzeuge in ihre Gewalt,
  - zwei stürzten in die Twin Towers des World Trade Centers in New York,
  - eins rammte das Pentagon, eins stürzte in Shanksville ab, war aber vermutlich für das Weiße Haus bestimmt.
  - Im Krieg gegen den Terror marschierte Präsident Bush in Afghanistan und im Irak ein.
  - Der Anführer des Terrornetzwerkes Al-Qaida, Osama Bin Laden, wurde 2011 von US-Soldaten getötet.

- Anschläge in Madrid (2004) und London (2005) auf den öffentlichen Nahverkehr

- Terror durch den **„Islamischen Staat"** (IS) 2015
  - Anschläge von Paris: Sympathisanten des IS zündeten Bomben am Rande eines Fußballspiels zwischen Frankreich und Deutschland, warfen Granaten in die Zuschauermenge eines Rockkonzerts und schossen wahllos auf Menschen in Cafés und Restaurants,
  - ein Länderspiel zwischen Deutschland und den Niederlanden in Hannover wurde wegen Terrorgefahr abgesagt,
  - Terrorwarnungen und -anschläge in Brüssel, das als Zentrum der radikalen Islamisten in Europa gilt.

Asymmetrische Kriegsführung

- Begriff bezeichnet die Auseinandersetzung zweier Kriegsparteien mit unterschiedlichem militärischen Potenzial und unterschiedlichen Strategien.
  - Reguläres Militär eines Landes steht dabei **Guerillagruppen** gegenüber, die aus dem Untergrund heraus kämpfen und sich aus der lokalen Bevölkerung rekrutieren,
  - die Widerstandsgruppen können in der Regel ihre Kenntnis der geografischen Gegebenheiten für sich nutzen.
  - Selbst technisch hochgerüstete Armeen haben größte Schwierigkeiten, einen solchen Krieg zu gewinnen. Häufig müssen sie nach Jahren der Zermürbung unverrichteter Dinge wieder abziehen.

- Im 21. Jahrhundert waren die langjährigen Auseinandersetzungen sowohl in **Afghanistan** als auch im Irak asymmetrische Konflikte.
  - NATO-Einsatz in Afghanistan (2001–2014)
  - Sturz des Taliban-Regimes, das Al-Qaida-Terroristen Zuflucht gewährte,
  - (demokratischer) Wiederaufbau des Landes wurde immer wieder von Selbstmordattentätern und Heckenschützen sabotiert,
  - seit dem Rückzug der NATO-Kampftruppen (2014) ist ein Wiedererstarken der Taliban zu erkennen.

- Besetzung des **Irak** (2003–2011)
  - Sturz des irakischen Diktators Saddam Hussein wegen angeblichen Besitzes von Massenvernichtungswaffen im Irakkrieg (19. März bis 1. Mai 2003),
  - Besetzung des Landes durch eine US-geführte „Koalition der Willigen",
  - in der Zeit der Besetzung des Landes starben mehr US-Soldaten durch Anschläge als während der kurzen Kriegshandlungen.
  - Bei Abzug der USA war der Irak nicht vollständig politisch stabilisiert,
  - im Machtvakuum, das durch den Abzug der US-Truppen entstanden ist, konnte sich die Terrorgruppe „Islamischer Staat" etablieren.

Wiederaufleben des Kalten Krieges

- Unter **Putin** strebt Russland eindeutig danach, seinen ehemaligen Weltmachtstatus wiederzugewinnen. Dadurch sind Konfliktlagen, die an die Zeit des Kalten Krieges erinnern, nahezu unvermeidlich.

- **Ukrainekonflikt** (seit 2014)
  - Völkerrechtswidrige Besetzung der strategisch wichtigen Krim-Halbinsel durch russische Truppen,
  - in einem Volksentscheid stimmte (angeblich) die russische Mehrheit der Bevölkerung auf der Krim für einen Anschluss an Russland,
  - Putin unterstützte mit Material und Soldaten die **Abspaltung** der Ost-Ukraine, in der viele Russen leben; kriegerische Auseinandersetzung mit der ukrainischen Regierung, die die Sezession der Volksrepubliken Donezk und Luhansk nicht anerkennt.

- Folgen/Bewertung
  - Internationale Isolation Russlands,
  - Angst vor Wiederaufleben traditioneller Hegemonialpolitik in Russlands Hemisphäre, insbesondere in den ehemaligen sowjetischen Satellitenstaaten (z. B. Polen) bzw. den baltischen Republiken,
  - Konflikt zeigt auch die **Machtlosigkeit** des Westens, da man wegen des russischen Vorgehens keinen Krieg riskieren kann.

Europäische Union

- Stationen auf dem Weg zur europäischen Einheit (seit 1990)
  - Schengener Abkommen (1990): Wegfall der innereuropäischen Grenzkontrollen,
  - Vertrag von Maastricht (1992): Gründungsurkunde der EU,
  - Einführung des Euro (1999 als Buchgeld, 2001 als Bargeld),
  - Vertrag von Lissabon (2009) verstärkte die Rechte des europäischen Parlaments gegenüber den Einzelstaaten.

- **Osterweiterung** der EU
  - Beitritt der ehemaligen sowjetischen Satellitenstaaten bzw. Teilrepubliken (2004): Polen, Estland, Lettland, Litauen, Tschechische Republik, Slowakei, Slowenien und Ungarn,
  - Beitritt von Bulgarien und Rumänien (2007) und Kroatien (2013),
  - Assoziierungsabkommen mit der Ukraine.

- Der Beitritt der **Türkei** ist wegen der kulturellen Unterschiede sowie der demokratischen Defizite in der Türkei sehr umstritten.

- Euro-Krise (seit 2010)
  - Staatsverschuldung von Portugal, Irland, Italien, Spanien und vor allem Griechenland brachte **Euro-Währung** insgesamt in Bedrängnis.
  - Um einen Staatsbankrott zu verhindern, vergab die EU Milliardenkredite an Griechenland, knüpfte diese aber an einschneidende Reformen.

- Zerfall der EU?
  - Überlegungen, ob Griechenland aus der Eurozone austreten solle,
  - Wahlerfolge antieuropäischer Parteien in vielen Mitgliedsstaaten (z. B. UKIP, AFD, Front National),
  - Briten stimmten in einem Referendum für den Austritt aus der EU (Juni 2016),
  - Wiedereinführung nationaler Grenzkontrollen während der Flüchtlingskrise (2016).

Deutschlands Rolle in der Welt

- Mit der Wiedervereinigung **endete** der **deutsche Sonderweg.**
  - Deutschland war im 19. und frühen 20. Jahrhundert politisch rückständig, nationalistisch geprägt und international isoliert,
  - es war – insbesondere zwischen 1890 und 1945 – eine Gefahr für den Weltfrieden,
  - erstmalig ist ein geeintes demokratisches Deutschland fest eingebunden in westliche Wertetraditionen, politische (EU) und militärische (NATO) Bündnisse.

- Weltweiter Einsatz der **Bundeswehr**
  - Bis zum Ende des Kalten Krieges durfte die Bundeswehr nur zur Landesverteidigung auf eigenem Territorium eingesetzt werden,
  - bei internationalen Konflikten unterstützte die „alte" Bundesrepublik ihre Alliierten lediglich finanziell („Scheckbuch-Diplomatie").
  - Seit 1995 nimmt die Bundesrepublik auch militärisch ihre **neue Verantwortung** als europäische Zentralmacht wahr, z. B. durch Einsätze in
  - Bosnien bzw. Kosovo (KFOR),
  - in Afghanistan (2002–2014).
  - Mittlerweile sind Bundeswehrsoldaten bei NATO- oder UN-Missionen in Asien und Afrika sowie im Mittelmeer und am Horn von Afrika beteiligt.

- Streben nach einem Sitz im Weltsicherheitsrat
  - Entsprechend ihrer wirtschaftlichen und politischen Bedeutung zielt die Bundesrepublik auf einen dauerhaften Sitz im UN-Sicherheitsrat.
  - Dieses Ansinnen ist aber bisher von den USA, England, Frankreich, Russland und China abgelehnt worden.

Kommunikatives und kulturelles Gedächtnis

- Die bekannteste Theorie zur Erinnerungskultur sind die Ausführungen der Kulturwissenschaftler Aleida und Jan **Assmann**.

- Sie unterscheiden im historischen Gedächtnis der Gesellschaft zwei unterschiedliche Ebenen: ein kommunikatives und ein kulturelles Gedächtnis.

- **Kommunikatives Gedächtnis**
  - Bezieht sich auf die jüngste, noch gegenwärtige Vergangenheit,
  - individuelle Erinnerungen, die mit den Zeitgenossen geteilt werden,
  - kommunikatives Gedächtnis vergeht mit den Trägern der Erlebnisse,
  - Zeitspanne maximal 80 bis 100 Jahre, Zeithorizont von drei bis vier Generationen.

- **Kulturelles Gedächtnis**
  - Wenn bleibende kollektive Erinnerungen mit den individuellen Erfahrungen verbunden sind, können sie im kulturellen Gedächtnis einer Gesellschaft aufbewahrt werden.
  - Das kulturelle Gedächtnis ist hochgradig geformt und drückt sich in Festen (z. B. Tag der Deutschen Einheit), Zeremonien und Riten aus.
  - Es wird in Wort (Gedenkreden), Bild, Tanz, Monumenten etc. offenkundig.

- **Beurteilung/Kommentar**
  - Plakative Entgegensetzung berücksichtigt nicht die Wechselwirkungen zwischen individuellen Erinnerungsprozessen und kollektivem Gedächtnis.
  - Konzept eines homogenen kulturellen Gedächtnisse greift zu kurz, da es ein „In-, Mit-, und Nebeneinander eines von diversen Erinnerungskonkurrenzen" (Reulecke) geprägtes dynamisches Geschehen sei.
  - Unterschiedliche Trägergruppen greifen Erfahrungen aus der Vergangenheit gruppenspezifisch auf und konstruieren so eine eigene soziale Biografie.

Umgang mit der NS-Vergangenheit

- 40er Jahre: gescheiterte **Entnazifizierung**
  - Nürnberger Kriegsverbrecherprozesse wegen problematischer Rechtslage als Siegerjustiz empfunden,
  - Westzonen: Unterschiedliche Behandlung der Deutschen durch die Alliierten, anfangs rigoros, später milder; deutsche Spruchkammern wurden zu „**Mitläuferfabriken**", da sie die Schuld der eigenen Landsleute herunterspielten,
  - Ostzone: strukturelle Entnazifizierung zum Umbau einer sozialistischen Gesellschaft.

- 50er Jahre: **Verdrängung** der Vergangenheit

- 60er Jahre
  - **Juristische Aufarbeitung** in „Auschwitz-Prozessen",
  - Aufhebung der Verjährungsfrist für Mord, um NS-Verbrechen weiter verfolgen zu können,
  - **68er-Bewegung** prangerte Kontinuitäten (Personen, Erziehungsstile, Notstandsgesetzgebung) zwischen NS-Zeit und der Bundesrepublik an.

- 70er Jahre
  - **Brandts Kniefall**: symbolhaftes Eingeständnis der deutschen Schuld,
  - Fernsehserie „**Holocaust**": Jüdische Familiensaga brachte Genozid den Deutschen erstmals emotional nahe.

- 80er Jahre
  - **Rede** des Bundespräsidenten v. **Weizsäcker** zum 8. Mai 1985,
  - im „**Historikerstreit**" versuchten deutsche Historiker, die Schuld der Deutschen zu relativieren, indem sie auf Vorbilder verwiesen.

- 90/2000er Jahre: Erst 50 Jahre nach Kriegsende wurden die meisten der heutigen **Denkmale** und **Gedenkstätten** zum Nationalsozialismus (z. B. Stolpersteine, Holocaust-Mahnmal 2005) eingeweiht.

Formen und Funktionen historischer Erinnerung

- Eine Gemeinsamkeit der unterschiedlichsten Formen historischer Erinnerung ist der Versuch, die Vergangenheit mit der Gegenwart in Beziehung zu setzen.

- Die verschiedenen **Ausdrucksformen der Erinnerungskultur** sind jedoch mit spezifischen Funktionen bzw. Intentionen verbunden, nach denen die nachfolgende Liste geordnet ist.

- Schuldbekenntnis oder politische Rechtfertigung durch
  - öffentliche Reden,
  - symbolische Gesten (z. B. Brandts Kniefall).

- Historisch-politische Bildung, um die eigenen Wurzeln zu begreifen bzw. Lehren aus der Vergangenheit zu ziehen, durch
  - Gedenkstätten,
  - Museen und Archive,
  - historische Dokumentationen im öffentlich-rechtlichen Fernsehen,
  - Geschichtsunterricht.

- Stiftung kollektiver Identitäten durch das Wachhalten der gemeinsamen Vergangenheit, die gemeinschaftsbildend wirken soll durch
  - Mahnmale,
  - Gedenk- und Feiertage („Befreiung des Lagers von Auschwitz", 27. Januar; „Tag der Deutschen Einheit", 3. Oktober),
  - Schule.

- Geschichte vor Ort erleben lassen, um die Erinnerung an die konkrete Lebenswelt zu binden, durch
  - Stadtspaziergänge,
  - Stolpersteine,
  - Wandtafeln an Gebäuden.

Bildnachweise

Seite 11: Shutterstock, New York (lolloj)

Seite 18, 42, 52, 71, 79: Wikimedia Foundation Inc. St. Petersburg, FL

Seite 26: Shutterstock, New York (Brandon Seidel)

Seite 31: Shutterstock, New York (Lissandra Melo)

Seite 69, 95: Shutterstock, New York (Everett Historical)

Seite 102: Baghdady, Anne/Haunhorst, Regina/Würz, Markus: Flucht und Vertreibung, in: Lebendiges Museum Online, Stiftung Haus der Geschichte der Bundesrepublik Deutschland

Seite 107: Wikimedia Foundation Inc. St. Petersburg, FL (USAF)

Seite 110: Stiftung Haus der Geschichte; EB-Nr. 1998/05/0121

Seite 128: iStockphoto Calgary, Alberta (EdStock)

Seite 133: Bergmoser & Höller Verlag AG

Seite 135: Wikimedia Commons San Francisco (Konrad-Adenauer-Stiftung e.V.)

Seite 141: Wikimedia Foundation Inc. St. Petersburg, FL (Von Julian Oster – Eigenes Werk, CC BY-SA 3.0)

Seite 145: Wikimedia Commons San Francisco (The Central Intelligence Agency)

Seite 154: Shutterstock New York (Denis Simonov)